香港浸會大學近代史研究中心專刊

近代廈門經濟社會史論叢

周子峰　著

致謝

　　一九二〇年，美以美會（Methodist Episcopal Mission）之石美玉（1873-1954）與胡遵理（Jennie V. Hughs, 1874-1951）二人，同至上海建立伯特利教會，藉佈道、醫護、辦學、育孤及文字事工，建立其宣教事業。至一九三〇年更成立「伯特利環遊佈道團」，由計志文（1901-1985）、宋尚節（1901-1944）等領團佈道，足跡遍佈全國，為三〇年代中國宗教復興的一面旗幟。一九三八年因日本侵華，該會神學院及孤兒院南遷香港，繼而內遷貴州。抗戰勝利後，重返上海，終因內戰，於一九四七年再次南移香江。在該會藍如溪（1905-2004）與胡美林（1908-2004）等努力下，於九龍嘉林邊道續辦神學院、中小學幼稚園，並於香港、臺北及多倫多（Toronto）相繼建立教會。發展至今，已然百載，實為華人自立教會中的翹楚，殊值感恩紀念。

　　香港浸會大學歷史系近代史研究中心，成立於二〇〇二年，中心向以近現代史為研究方向，其中對基督史，尤為關注。歷來已接受香港基督教教會及團體捐獻，研究相關課題。今次荷蒙伯特利教會捐款，資助研究，已為該會之百年史研究立項。二〇二〇年正值香港伯特利教會百年嵩壽之時，中心特予出版專刊五種，包括李金強：《近代中國牧師群體的出現》、郭嘉輝：《明代衛所的歸附軍政研究——以「山後人」為例》、譚家齊：《明中晚期的法律史料與社會問題》、黃嘉康：《近代福建知識分子史論》及周子峰：《近代廈門經濟社會史論叢》。五位作者，均為中心成員，所著亦反映中心之研究方向。故以上述專刊之出版，藉此為該會首開賀慶，以表謝忱之意。

自序

　　廈門研究之開端，可追溯自中國方志之傳統。清代乾隆年間薛起鳳：《鷺江志》和道光年間周凱：《廈門志》正是此類作品之傳統。民國年間李禧等學者繼承傳統方志之餘緒，編成《廈門市志初稿》，為早期廈門的研究奠定基礎。此外晚清民國時期旅居廈門的西方學者如 Philip W. Pitcher、H. B. Morse 等亦從西方人的角度，對廈門的歷史作出扼要記述。一九四九年以前海關人員撰寫了大量的文獻紀錄，以及日本領事和臺灣總督府所作的調查報告，也為近代的廈門城市研究，提供了寶貴的研究素材。此外，近代不少華文報刊如上海之《申報》、廈門之《鷺江報》、《昌言報》、《廈門日報》、《江聲報》等，與及東南亞華文報刊如《南僑日報》、《南鐸日報》、《振南報》、《南洋時報》、《叻報》、《南洋商報》、《國民日報》等，也載有大量有關廈門的新聞報導，這些研究素材，在一九九〇年代以前，都是較少被廈門史研究者所利用。一九四九年後新加坡吳振強教授的盛清時代的廈門網絡研究和王爾敏教授有關清代廈門開港研究，堪稱廈門史研究的重要著述。近年來由於因地方史研究的崛興，加上地方政府對文化旅遊業的提倡，促使廈門史研究的蓬勃發展，吸引了不少學人投身廈門史研究的行列。

　　洪卜仁老師師承自李禧先生生，一九四九年以前曾任職記者，認識不少民國時期的廈門地方政要和社會人士，除參與編撰近年由廈門地方志辦公室出版的《廈門市志》，又主編《廈門文史叢書》，由廈門大學出版社出版，該叢書除收有洪師的專著外，亦收有其他學者有關廈門研究的專題著述，內容包羅萬有，引起廈門社會對本地歷史的應泛關注，對廈門史研究內容之開拓貢獻鉅大。筆者在李金強老師的引領下，投身廈門史的研究行列，在李師的

悉心指導與鼓勵下，出版《近代廈門城市研究》及多篇有關廈門史研究的期刊論文，以及與洪卜仁老師合編《閩商發展史‧廈門卷》等書。隨後筆者在近代廈門史研究的範疇內拓展研究領域，逐漸將研究內容拓展至閩南、閩西的區域研究，並參與復旦大學吳松弟教授主持的「中國近代經濟地理」研究項目，與林玉茹教授、姜修憲博士等合撰《中國近代經濟地理》第六卷《閩台經濟地理》一書，該叢書更獲得獲第十五屆「上海圖書獎」一等獎及上海市第十四屆哲學社會科學優秀成果獎一等獎。筆者近年出版有關廈門史之研究論述，基本上都是以簡體字為主，讀者以內地學界為主，本次將部分已刊登的論文，連同其他新撰之論文以繁體字印行，以就教於學界。

本論文集所收文章其有六篇，計可分為兩大部分。第一部分為有關廈門的經濟史研究，所收文章共有三篇，主要內容涉及廈門的經濟史研究，第二部分為有關廈門商人和商業史研究，均為作者近十多年來對廈門歷史研究的階段性成果。本書編集之際，適逢廈門史研究耆宿洪卜仁老師以九十一歲高齡仙逝，洪師為人剛正，仗義敢言，歷經文革苦難，晚年致力於廈門地方史材料的收集，培育廈門地方史研究後學。本論文部分觀點，受洪師啟發尤多，回想洪師對筆者諄諄教導，至今銘感於懷，謹在此聊書數語，以抒思念之情。又承蒙李金強老師的推薦，伯特利教會慷慨資助本書之出版經費，特此予以深切的謝意！

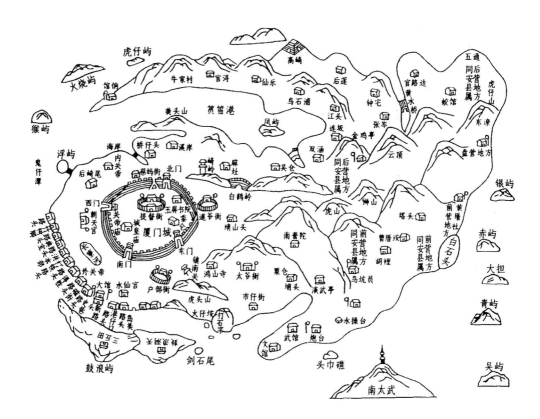

清代廈門全圖

目次

第一章
導　言

　　廈門市位於中國福建省東南部，是該省第二大城市。同時也是閩南的區
域經濟重心。明初江夏侯周德興為配合海防需要，下令修築廈門城，開啟了
廈門的歷史。明中葉以後東南地區私人海上貿易勃興，廈門開始從軍事據點
演化成貿易重鎮。明末鄭成功占據廈門作為抗清基地，其後清廷將臺灣納入
中國領土，劃定廈門為閩臺貿易的重要樞紐，奠定廈門與臺灣之特殊關係。
至南京條約簽訂，該地被劃為通商口岸，容許外人在廈進行通商及傳教活動。
一八九五年日本占領臺灣，從此廈門失去臺灣對外貿易轉口港之地位。但由
於東南亞殖民經濟之發展，對勞動力需求方殷，廈門因此成為人力輸出港，
變為閩省華僑集散地，刺激了廈門的城市發展。由是觀之，廈門之興起標志
著中國從陸地走向海洋之發展趨向，具有「海洋中國」城市發展之特點，深
富研究價值。

　　近十多年來筆者在研究廈門歷史的過程中，就廈門作為「海洋城市」觀
點出發，主要關心兩個問題：一是廈門的興起及其在海洋史的地位，近代全
球經濟格局的改變，導致廈門的對外關係的改變，這種關係的改變，對我們
了解東亞地域近代經濟的演化極具有意義；二是自近世以降，作為閩南海商
代表的廈門商人，在面對「三千年未有之變局」中，如何在危機與機遇中立
業興家？面對近代民族主義的崛興，與國家權力向民間社會的滲透，廈門商
人如何面對這些演變？本論文集所收論文，便是近年來作者對上述兩個問題
的階段性思考成果。

　　本論文集所收文章共有六篇，計可分為兩大部分。第一部分為有關廈門
的經濟史研究，所收文章共有三篇，主要內容涉及廈門的經濟史研究。

　　第一篇論文〈鄭氏家族的海上王國〉指出大航海時代的來臨，東亞海上

貿易的格局出現新變數，激發起閩南人面向海洋的冒險精神，鄭氏家族的海上貿易王國，便是建立在這個變局之上。鄭氏家族海上王國的創造者鄭芝龍，繼承了早期閩南海商「亦盜亦商」的傳統，託庇於明室地方官吏，交結盤據臺灣的荷蘭人，剿滅敵對海商力量而迅速坐大。鄭成功起兵抗清後，利用家族的資源，擴充海上貿易，成為其抗清的憑藉。鄭氏的海上貿易王國，以廈門為主要據點，跨越中國沿海、日本、臺灣、暹羅，及菲律賓等地，建立跨地域的貿易體系，鄭氏降將施琅統治廈門後，便繼承了鄭氏王國在廈門的基礎，發展海上貿易以增財富；在施琅的建議下，康熙帝將臺灣正式納入中國，廈門在對臺交通的地位，由是得以鞏固，造就廈門作為清代新興海洋城市的崛興。

第二篇論文為〈明清時代廈門的對日貿易〉。廈門的對日貿易，大約始自十六世紀。鄭芝龍縱橫東亞水域，控制中國東南沿海對日貿易。其子鄭成功生於日本，用其弟七左衛門為鄭氏集團在日的代理人。鄭氏降清後，施琅以廈門為中心，發展對日貿易。盛清時代廈門對日貿易的衰退，實在與德川幕府限制金銀等貴金屬出口的政策有關。廈門海商亦開始改變貿易模式，通過轉運的方法，把閩南、廣東生產的砂糖運到江南，轉運至日本長崎。廈門商人的對日貿易活動，把砂糖的製造法傳到日本，對日本的飲食文化產生重要影響，反映出廈門對近世跨地域文化交流的貢獻。

第三篇為〈近代廈門經濟網絡之演進〉。近代西力衝擊中國經濟，究竟中國經濟出現了什麼改變？本文即以近代廈門對外經濟的改變作為個案考察。清代閩南海商以廈門為活動中心，建立與東亞其他地區的商貿關係，吳振強教授稱之為「廈門網絡」。十九世紀中葉西方入侵中國，使廈門與鄰近地區之經濟關係湧現新元素（如勞動力輸出及埠際金融流動等現象），甲午戰後日本占領臺灣，使廈門的對外經濟呈現結構性變動，更加倚重東南亞的華僑經濟。這種新經濟關係萌芽於十九世紀下半葉，完成於二十世紀初年。二十世紀初廈門與東亞地區城市間之經濟聯繫，可概稱之為「經濟網絡」。近代廈門依靠西方列強在十九世紀於東亞地區建立的交通及金融體系，建立了如日本學者濱下武志所謂之「人」、「財」、「物」之跨地域經濟網絡：廈門向東南亞輸出

勞動力創造僑滙；僑滙供應資金購買進口物資，彌補進出口貿易逆差，造成廈門市況異常繁榮。近代廈門網絡猶如一個有機的生命體，網絡內各種機制猶如血管，從閩省各地吸收人力資源輸送到東南亞，換取各種養分（僑匯和物資）滋潤中樞地廈門，一旦養分輸送發生問題，網絡將會因養分不足而喪失生命力。戰後東南亞各地對華僑採取限制政策，一九四九年中華人民共和國政府禁止廈門移民出境，廈門亦因國共對峙長期處於緊張局勢，由是廈門網絡失去養分而枯萎。廈門經濟發展陷於停頓，直到一九八〇年代改革開放時期始重現生機。

　　第二部分為廈門商人研究，共收論文三篇。數年前筆者與洪卜仁老師編撰《閩商發展史・廈門卷》一書，即為筆者研究此問題的初步成果。大航海時代的來臨，為廈門商人帶來新機遇。第四篇論文〈近代廈門商人的特點〉強調廈門商業在盛清時代的發展，帶來廈門商人的第一個黃金時代。作為崛興於明末清初新興的商業城市，眾多的商機吸引外地的商人移居廈門，構成廈門商業群體「有容乃大」的特點。同時，廈門商人性格的塑造，與其身處之自然環境關係密切。廈門商人經營的業務，絕大多數均與海洋有關。海上貿易雖然能夠獲取巨大利潤，但仍然具有相當風險。為了分擔風險，不少廈門海商採用分散投資與合夥制度的形式從事海上貿易。到了廈門開港後，合夥制度更為興盛。從晚清時期遺卜的四分契約文書，我們可以發現廈門商人合夥制的兩個特點：第一是自由靈活，有分攤營商風險的作用。各股東因應自身的財力而進行投資活動，企業利潤扣除給予管理人員酬金後，按股數均分。若遇到虧損後亦按股數分攤。如某股東不願意繼續投資該企業，可與其他股東商議而退出。第二是企業所有權與經營權的分離，股東聘請專業管理人員經營企業，年終時若有贏利，後者可按比例取得分紅，有助於提升管理人員的積極性；若企業出現虧損，股東亦可撤換管理人員。

　　當然，家族管理亦是廈門商人企業管理的特點。在西方資本主義社會發展初期，家族企業是西方企業發展的主要形態，與傳統中國企業組織的模式相近。在家族企業中，家族成員掌握所有權與經營權。由於家族成員之間形成了一個小型的團體，團體內部時常一起溝通交流，使得內部成員的信息不

對稱性及成員間的協調成本得以降低；加上由於血緣的維繫，使家族成員對企業產生責任感，從而對企業作出超越應得報酬的奉獻，使企業能夠在逆境中掙扎圖存和成長，但家族企業在發展過程中，往往遇上人才不足，墨守成規，未能有效地迎合市場的挑戰，不易離逃家族企業「富不過三代」的困境。

第五及六篇分別為〈辛亥革命時期的廈門商會〉及〈民國時期的廈門商會〉，涉及近年來中西學界有關「市民社會」（Civil Society，或譯「公民社會」）的論爭。〈辛亥革命時期的廈門商會〉一文提出廈門商會之誕生，是晚清時期國家與地方菁英關係結構性調整的一個環節，亦是黃宗智教授所謂的近代中國國家與社會間「第三領域」不斷擴張之結果。甲午戰爭後，發展工商實業救亡之言論，已成為民間普遍要求，清廷亦嘗試通過新政改革，應付戰後各種社會危機及維護自身統治地位。在此領域內國家與社會絕非純粹的對立或合作，端視乎地區社會經濟結構、官府願意讓地方菁英參與公共事務至何等程度，及地方菁英參政意識之成熟程度三種因素決定，三者互為影響。廈門地區傳統官僚體制無法處理日益繁重的公共事務，若另置新官專責處理，必令捉襟見肘之傳統稅收體系無法承擔，且清代官僚多由科舉出身，對經濟事務大多一竅不通，商紳擁有財富、地方關係及營商經驗，正是官府眼中可堪利用的社會資源，同時亦可「以之考察而得資見聞於眾議」，加強新政改革之認受性，也可在「近代國家政權建設」（modern statemaking）過程中盡量將商人勢力納入建制，並予以制度化。

廈門商會在辛亥革命時的政治表現，也反映出商人在革命時期的政治取向。在和平光復地區革命政府建立過程中，大部分城市的革命黨人多與商會建立政治聯盟，但這種聯盟基礎脆弱。革命黨人旨在爭取商人財政支持及民間認受性，商人則希望依附新政府，冀求在政權易手期間保存個人財富及穩定營商環境，若新政府不能滿足商人要求，勢必引起後者之離心力，轉而尋求其他自保方法抵抗革命所帶來的社會混亂。自宋淵源撫廈後，來自社會低下階層與游離分子的革命黨人悉被排擠，管治廈門的參事會主要由商人、縉紳、地方大族代表、華僑及社會地位較高的黨人組成，此舉雖削弱革命政府群眾基礎，卻能消弭商紳階層對「暴民政治」的恐懼，滿足其維持現存社會

秩序願望。故此福建都督府與由商紳階層組成的廈門商會能保持和諧關係。隨後都督府內部權力鬥爭越演越烈，無暇顧及廈門，故在二次革命前夕，廈門除在財政上向都督府上繳捐稅外，地方事務盡由商會、前清官僚及地方勢力共同處理，至二次革命後孫道仁離閩，廈門始直接歸入袁世凱政府管治。

　　近代中國的現代化進程，其實也是一個國家權力向社會伸延的一個過程。面對軍閥政權的剝削、黨國政權權力的擴張，作為市民團體代表的廈門商會，會遇到什麼挑戰與境遇呢？最後的一篇文章〈民國時期的廈門商會〉，即嘗試就此問題作一解答。民國時期廈門商會依然與官府維持密切關係。民初廈門商會權力的擴張原因有二：其一是國家退出第三領域的結果。其二是廈門商人自主意識的成長。其中以前一個原因最為重要。與其他通商口岸城市商人階層比較，廈門商人始終與地方政權維持較佳關係，絕未如廣州和上海商人般有建立商人政權的意圖；反之，部分廈門商人更希望倚靠良好的官商關係，維持甚至增進個人財富與地方聲望。一九二六年至一九三二年間商會與海軍的政治同盟即為極佳例子。近代中國現代化進程與政府權力擴張是一對孿生兒。蓋因全面性的近代化改革需要政治、社會、經濟各個層面之變革互相配合，方能取得有效成果，絕非個別民間社團所能獨立勝任。綜觀民國時期廈門商會之工作，大致上只是擔任政府與民間溝通橋樑及政府稅收的承包人，並延續明清以來地方菁英襄贊地方慈善事業的社會功能，缺乏政治和經濟之創造性。另一方面，民國時期社會各階層的利益分化日深，甚至連商人階級內部亦出現資本家與小商人之分歧。各種社會衝突令廈門商會權力賴以生存的社區意識受到破壞。一九二〇年代商會確實頗能擔當廈門社會利益代言人之角色，但隨著勞資關係的惡化及反日情緒的高漲，使商會原有之社會凝聚力大幅下降。商會既無力抗拒陳儀領導的「由上而下」改革，遂只有回歸到晚清時期的原點，標誌著中國近代「市民社會」之再度受挫。商會對近代民族運動的態度保守，商人害怕群眾運動失去控制，使廈門陷入「暴民政治」的漩渦內。一九二五年五卅運動出現連串暗殺事件後，商會即亟欲停止抵制，使商會逐漸喪失民族運動的領導權。商會與海軍關係密切，加上抵制日貨運動嚴重傷害商會日籍臺人成員利益，廈門商會再不能在一九二八

年的抵制運動中有太大的作為。假若我們視商人階級為「近代市民社會」之代言人，民國時期廈門商會的個案正好說明國民政府統治時期市民社會面臨之雙重困境：一方面市民社會的自治領域受到國家的侵蝕；另一方面市民社會內各階層參與者，也因社會變遷所產生的利益分化而失去團結，最終屈從於南京政府的控制下而喪失活力。

第二章
鄭氏家族的海上王國

　　大航海時代的來臨，開啟了歐洲列強在東南亞拓展殖民地的時代。葡萄牙以澳門為基地，從事中國、日本、東南亞的三角貿易，西班牙人在呂宋島建立馬尼拉，開展美洲至東南亞貿易航線，把中國、東南亞與美洲、歐洲市場聯繫起來。而荷蘭在馬魯古確立了香料貿易霸權，初步建立了自成體系的商館網絡，通過東南亞與阿姆斯特丹遠端貿易的迅速發展，又以巴達維亞為基地，進一步發展了東南亞與歐洲的貿易。由於歐人在東南亞的殖民擴張，改變了過去中國與東南亞的商貿格局：新殖民城市如馬尼拉、巴達維亞、澳門的建立，改變了過去中國對外貿易路線；西方對中國產品如陶瓷、絲綢的需求，中國對白銀、東南亞土產品的需求，也擴大了中外貿易的內容，帶來龐大的商易機會，激發起閩南人面向海洋的冒險精神，締造中國另一個迎向海洋的商業黃金時代。正如張燮指出：「市舶之設，始於唐、宋。大率夷人入市中國，中國而商於夷，未有今日之夥者也」。[1]鄭氏家族的海上貿易王國，便是建立在這個變局之上。

　　嘉靖二十六年（1547），葡萄牙的商船在浯嶼與閩南商人交易，張燮《東西洋考》謂「（嘉靖）二十六年，有佛郎機船載貨泊浯嶼，漳、泉賈人往貿易焉。巡海使者柯喬發兵攻夷船，而販者不止」。明代政府厲行海禁政策，但始終無法阻撓閩南人民發展海上商貿事業的願望，「顧海濱一帶，田盡斥鹵，耕者無所望歲，只有視淵若陵，久成習慣，富家徵貨，固得捆載歸來；貧者為傭，亦博升米自給。一旦戒嚴，不得下水，斷其生活，若輩悉健有力，勢不肯搏手困窮，於是所在連結為亂，潰裂以出」。為了適應對外貿易格局演變的新形勢，廈門亦在此時代以海洋商業城市的姿態崛興，廈門商人以「亦盜亦

1　張燮：《東西洋考》（北京市：中華書局，2015年），冊2，頁1583。

商」的身分周旋於西方殖民者與明朝政府之間而名垂青史。當中最重要的首推鄭氏家族。鄭氏家族海上貿易的發展,可以劃分為鄭芝龍時代及鄭成功鄭經時代兩大階段。

鄭芝龍時代

鄭氏海商集團的始創者為鄭芝龍。鄭芝龍,福建泉州府南安縣石井鄉人,字曰甲,號飛黃。小名一官。歷來史學界對鄭芝龍早期生平頗有爭議,但大體上都認為鄭芝龍約在一六二〇年前往澳門謀生,然後受洗名為尼古拉斯‧嘉斯巴(Nicholas Gaspar),在澳門住了二、三年並且習得葡萄牙語後,再轉往日本平戶。有史家如 Fr. Juan de Concepcion 等稱鄭芝龍曾經在馬尼拉停留過一段時期後才轉往平戶。《華夷變態》則謂鄭芝龍年輕時曾渡日本,於肥前平戶賣鞋,逗留數年,稱平戶一官。娶妻生子,後來留置其妻於平戶,自歸本國。少年時代的遊歷經歷,令鄭芝龍較同時代的人更為具有國際視野,也使鄭芝龍能夠與日本、西班牙、葡萄牙人建立商貿關係。

鄭芝龍大概於一六二四年離開日本,此後可能通過李旦的介紹,他在一六二四年至一六二五年間,擔任荷蘭東印度公司的通事。隨後又加入李旦一夥。一六二五年李旦病死,李旦的勢力為鄭芝龍所承繼。鄭芝龍乘福建連年大旱,民眾饑荒之際,把搶來的糧食分發災民,年輕力壯者紛紛投效麾下,導致鄭芝龍海上力量迅速擴大。天啟六年(1626)時,鄭芝龍的船隊已由數十艘擴大到一二〇餘艘,到天啟七年(1627)時已有七百艘,崇禎元年(1628)時達一千艘,更攻占廈門作為根據地。崇禎元年,鄭芝龍正式接受福建巡撫熊文燦的招撫,授官防海游擊。這樣,一方面他有了合法的身分,可以保存自己的實力,另一方面又可以打著明政府的旗號消滅其他海商力量、掃除競爭對手。他接連消滅了李魁奇、鍾斌和劉香老海商集團,逐步稱霸於東南沿海。

鄭芝龍的崛興,與荷蘭人關係密切。當時在歐洲列強海上爭霸的鬥爭過程中,西班牙與葡萄牙兩國逐漸處於下風,英國、法國專注於北美洲殖民地

的擴張，尚未大舉染指東亞，荷蘭成為當時亞洲殖民帝國的霸者，不斷試圖在中國沿海建立據點未果，最後在臺灣大員建立據點。

　　鄭芝龍與荷蘭人的關係，既有對抗，亦有合作的一面。早期鄭芝龍的崛興，與荷蘭人的幫助不無關係。崇禎三年（1630）十二月，兵部尚書梁廷棟等上書謂：「賊外附紅彝，於是楊六、楊七撫矣。楊六、楊七撫而餘黨仍歸鄭芝龍，至芝龍則所資者皆彝艦，所用者皆彝炮，連綜至數十百艘，又能不妄淫殺，不妄焚掠，以假竊仁義之名，故附之遂以日眾」。[2]一六二七年福建總兵俞諮皋嘗以准許通商為利誘，唆使荷蘭人攻打鄭芝龍，結果荷蘭人吃了敗仗。隨後荷蘭人改變策略，派使者到訪廈門，於一六二八年與鄭芝龍簽訂協定，鄭氏承諾每年以生絲一千四百擔及砂糖、紡織品供應荷蘭人，並向荷蘭人購買胡椒一千擔。崇禎三年（1630）鄭芝龍又與荷蘭人達成荷蘭對鄭氏船舶加以保護的協定。他向明政府隱瞞荷蘭人仍然對華通商的事實，《熱蘭遮城日志》一六三一年七月十日記載：「有一艘戎克船從安海抵達此地，帶來一封一官的信件，大部分是恭維的話，但其中談到他將於近日來定居廈門，並已聯絡人去收購很多白糖和精緻瓷器；並說，海道近日內將來廈門，因此將請特勞牛斯離開，因為如果海道看見有荷蘭人在那裡交易，必將不滿而加罪於他」。另一方面，他又壟斷對荷蘭人的貿易。《熱蘭遮城日志》一六三三年九月十五日記載謂：商人 Jocktay 向長官閣下訴說了真實的事情，說：「一官在為中國政府工作的期間，都由他自己一人包辦所有荷蘭人的事務，因此不准任何沒有他的許可的商人航往大員，用以獨享所有的利益，就像以前許心素所作的那樣；也因此，他只用 Bendiock 和 Gampea 來秘密進行他的計畫，既不用其他商人，也不准其他商人來通商貿易，除非他們事先同意，願意支付生絲百分之五、佈、糖、瓷器及其他粗貨百分之七給他，他直到現在都一直還在享受這項收入；這使很多自立的商人無法運貨前往大員交易」。[3]

　　自一六三三年鄭芝龍船隊再次在金門料羅灣擊敗荷蘭艦隊後，荷蘭人轉

2　李國祥等編：《明實錄類纂（福建臺灣卷）》（武漢市：武漢出版社，1993年），頁504。

3　江樹生譯註：《熱蘭遮城日志》（臺南市：臺南市政府，1999年），冊1，頁123。

而與鄭芝龍重修舊好，於一六四〇年達成了關於海上航行和對日貿易的協議，規定鄭氏須將生絲及其他中國物產運到臺灣，由荷蘭以相當價格收購後轉販日本，並每年給予信用貸款一百萬佛蘭稜薩金幣，每月取回百分之二點五的利息，限期為三個月。

在《巴達維亞城日記》與《熱蘭遮城日志》中，我們可以發現很多鄭芝龍派遣商人與荷蘭人交涉的例子。《巴達維亞城日記》一六三一年十月二十七日記載荷蘭駐臺長官普特曼斯（Hans Putmans）率四船到漳州河一帶貿易，十一月七日抵達後，鄭芝龍不在，只特許 Gampea 和 Bindi 兩人與荷蘭人貿易。荷蘭人給每個人貸款一千里爾（Real），並與他們約定在十至十二天內，為荷船「熱堡」號（Zeeburch）、「威林根」號（Wieringen）和「莎丹」號（Sardam）準備砂糖、生絲和精巧磁器貨物。據楊彥杰教授的考證，認為 Gampea 即後來的鄭氏大將洪旭。洪旭出身商人世家，仕鄭期間多次主持貿易事務。可知鄭芝龍時代，鄭氏集團已有不少商人加入。[4]

鄭芝龍受撫後，以安平鎮及廈門為主要據點，徵收餉稅以養兵，《小腆紀年》謂凡「海船不得鄭氏令旗，不能往來，每船例入三千金，歲入千萬計」，取代官府壟斷海外貿易。史籍中就記載了鄭芝龍母親黃氏派遣的李楚和楊奎兩人前往暹羅國貿易後回國被捕，楊奎供詞謂：

> 我與已故的李楚俱是泉州府晉江縣民，不係鄭芝龍家人。鄭芝龍之母黃氏與我們同縣住，黃氏與我們各一萬兩銀子，各一隻船，又船頭牌額上用的圖書各一個，叫我們往暹羅國貿易、買物件。於十一年十二月中去，於十二年正月間到暹羅國，買蘇木、胡椒等物回去。至廣東雷州府將買的物件要賣。[5]

---

4 楊彥杰：〈鄭成功部將 GAMPEA 考〉，收於方友義主編：《鄭成功研究》（廈門市：廈門大學出版社，1994年），頁505-510。

5 廈門大學臺灣研究所、中國第一歷史檔案館編輯部編：《鄭成功檔案史料選輯》（福州市：福建人民出版社，1985年），頁251。

從供述內容來看，鄭芝龍母親黃氏一次就拿出兩萬兩銀子，讓李楚和楊奎前往暹羅採購貨物，鄭氏海商集團的經濟實力可見一斑。日本是鄭芝龍的重要貿易地區。據《長崎荷蘭商行的日記》一六四一年七月五日條所載：據某商人說，今年一官（鄭芝龍）向長崎派遣的載有砂糖的船有十二隻。其中第一隻於正午時分進港。同年十二日條寫道：下午，一官派遣的第二隻砂糖船裝載白砂糖二十七萬斤進港。[6]一六四三年唐船到岸總值一○六二五貫，鄭氏即占八千五百貫，約占百分之八十。可以說，鄭芝龍海商集團幾乎壟斷了當時的對日貿易。一六四六年八月，鄭芝龍遣黃徵明為正使，康永寧為副使，請求日本發兵援助明室，因船隻為清軍所拘。黃徵明遣陳必勝、黃徵蘭乘小船到長崎遞交鄭芝龍書信。後來由於得悉鄭芝龍投降清廷，德川幕府退還鄭氏所獻物品，遣使者回國。

　　鄭芝龍海商集團具有濃厚的家族色彩。鄭芝龍以鄭氏家族為中心，掌握海上霸權，鄭氏家族成員鄭鴻逵（親弟）、鄭芝豹（親弟）、鄭泰（養子）等均在集團擔任要職。彭孫貽《靖海志》稱明末鄭氏家族「一門聲勢，赫奕東南」，「全閩兵馬錢糧皆領于芝龍兄弟，是芝龍以虛名奉召，而君則以全閩予芝龍也」。其內部組織以親族、結拜兄弟、合夥人為主要骨幹。在崛興初期，結拜兄弟是鄭芝龍的重要夥伴。施琅說：「明末，鄭芝龍為十舶長」；芝龍結盟時，以「芝」為行，又有「十八芝」之號，現在姓名考得出來的大概是鄭芝龍、鄭芝虎、陳衷紀、楊六（亦作楊祿）、楊七（亦作楊策）。李魁奇（亦作李芝奇）、鍾斌、陳盛宇、方芝驥、郭芝葵、郭芝蘭、紫芝哥、劉香等人。他們最初大概都是結拜弟兄，同時從臺灣出發，除劉香一人獨自前往廣東外，其餘都隨芝龍到福建沿海。鄭芝龍受撫後，發生了以誰為主的問題，鄭芝龍與舊日的同夥發生了火拚，最後以鄭芝龍稱霸勝利告終。

　　陳碧笙教授認為鄭芝龍一黨內部，除了同夥外還存在一種出錢、出力關係（亦即資方與勞方關係）。早期李魁奇、楊六、楊七等人與鄭芝龍均屬於此種關係。《靖海紀略》謂：「楊祿、楊策等原係鄭芝龍夥黨，祿等領龍銀備器

6　松浦章編：《近代東亞海域交流：航運‧商業‧人物》（臺北市：博揚文化事業公司，2015年），頁3-4。

械為賊具」；「賊（李魁奇）意欲撫而懷疑不就，又且索芝龍之銀，是其本意」；
「（鍾）斌船泊本縣之金門地方，徘徊觀望，似有意投芝龍而未果者，職已差
諭芝龍速收之，聞其有所需於芝龍，乃米糧器械也」，都是此種情況。[7]此外，
鄭芝龍也有不少親族為鄭氏集團成員。《熱蘭遮城日志》記載在一六三五年九
月十一日，「有六艘戎克船出航前往幾個地方，一官的姻兄弟，名叫 Coya 的
戎克船也出航前往廈門，載有一批胡椒與鉛」。同時，鄭芝龍集團的船舶亦有
大量散商存在，張燮《東西洋考》謂明末月港商船「每舶舶主為政，諸商人
附之，如蟻封衛長，合併徒巢」，顯然這種做法亦被鄭芝龍集團繼承。《熱蘭
遮城日志》記載在一六三三年九月十五日，「有個商人 Jocktay 昨天跟海盜
Sabsicia 一起來此地，他於今年六月間，搭 Gampea 的戎克船，在澎湖列島被
海盜劉香劫去」。可見不少財貨稍弱的商人，也以散商的身分，參與鄭芝龍的
海上貿易活動。

鄭成功及鄭經時代

　　鄭芝龍於順治三年（1646）降清，後被處死，鄭氏海商集團由其子鄭成
功繼承經營。鄭成功原名森，字明儼，號大木。父親鄭芝龍早年入海經商，
至日本，娶當地女子田川氏，明天啟四年（1624年）七月十四日，生鄭成功
於日本平戶千里濱。接回七歲的兒子鄭成功，居福建安平讀書。鄭成功自幼
敏學，十五歲考中本縣秀才，二十一歲按常例入南京國子監。明崇禎十七年
（1644年），吳三桂引清軍入關，次年清軍越年攻陷南京，滅南明弘光政權。
明室遺臣在福州擁立唐王朱聿鍵為帝，建號「隆武」。鄭成功曾隨父晉見隆武
帝，隆武帝愛其才，特賜他姓朱，改名成功。後鄭芝龍決定降清，遭到鄭成
功的激烈反對，數次哭諫無效後，鄭成功去家遠避，修書與父親決裂。不久，
清軍突襲安平，母親田川氏被辱自盡。鄭成功盡傾家資，招集父親舊部，毅
然舉起抗清旗幟。

7　陳碧笙：《鄭成功歷史研究》（北京市：九州出版社，2000年），頁216。

　　鄭成功的父親和叔父們，都是從海上對外貿易起家的。從小生活在這種環境中的鄭成功，熟悉海上貿易的竅門。他在舉義前的一六四六年，就曾向隆武帝提過「通洋裕國」的建議。當他極力勸阻他的父親鄭芝龍降清時，也曾提過「大開海道，興販各港，以足其餉」，然後「選將練兵，號召天下」的鬥爭策略。可見，鄭成功對發展海上貿易以充裕軍餉的問題，早已成竹在胸。

　　鄭成功起兵抗清之初，最大憑藉是其父所遺下的貲財。鄭成功於一六四六年起兵時，至廈門「招集數百人，方苦無資」，適有鄭氏「賈舶自日本來」，得資十萬「招兵製械，從者日眾」，因而得以立足金門和廈門二地。及至順治七年（1650）襲殺鄭聯，盡併鄭彩部眾而獨據廈門，得以擴軍經武，預備北伐。順治八年（1651）馬得功突襲廈門，鄭成功藏於廈門貲財悉被掠去。據楊英《先王實錄》所載，鄭氏上書其父談及此次損失，言清兵「掠我黃金九十餘萬，珠寶數百鎰，米粟數十萬斛；其餘將士之財帛，百姓之錢穀，何可勝計？」當時廈門所藏錢糧，大概都是鄭芝龍所留下的財產，此次事件可能令鄭成功立下決心，大力發展海上貿易以裕軍餉。

　　鄭成功的海上貿易事業的本質，跟鄭芝龍有所不同。鄭成功營商的目的，主要是為抗清大軍爭取軍糧補給，彌補軍政支出，並非為個人利益及享樂所用。而其所處的形勢，也與鄭芝龍不同。他的經商活動，必然橫跨清政府的占領區，因此有隱密活動的必要。鄭芝龍早年活動帶有流寇性質，到後來他主要靠收固定船稅，讓各船隻自由進行貿易活動，「每船例入三千金」，然後給令旗放行。鄭芝龍似是「東家」，所有貿易船隻要向他交固定船稅後即可自由活動，可稱「自由貿易」。而鄭成功則實行「官營」貿易法，即直接派官員、將領經辦對外貿易事務。戶官鄭泰就是專管對外貿易的。此外，鄭氏的商業活動，也旨在收集清軍情報，以收知己知彼之效。永曆九年（1655）初，荷蘭人無端攔劫鄭成功的海上商船時，鄭成功立刻寫信譴責他們的暴行，並要他們賠償損失、制止同類事件重演。對此，荷蘭人卻態度傲慢，拒不認錯。於是，鄭成功就「刻示傳令各港澳並東西夷國州府，不准到臺灣（與荷蘭）通商」。結果，荷蘭人被困於臺灣兩年，「船隻不通，貨物湧貴，夷多病疫」，最後只好派員前來向鄭成功賠禮道歉，「年願納貢，和港通商。」永曆十一年

（1657）冬，「明前監臣徐孚遠，……奉明主命（出）使安南，為交趾（越南）所得，欲要以臣禮見。孚遠不屈而還」。中國使節受辱，鄭成功「遂禁止商船，不許往交趾貿易」。

　　鄭成功時代鄭氏集團貿易活動的大規模開展，約始於一八五一年。該年鄭成功軍隊糧餉不足，參謀馮澄世建議謂可購日本物產賣於呂宋、暹羅、交趾等國以補不足，於是遣商舶販賣日本鉛銅。鄭成功派出商舶，分赴日本、暹羅（泰國）、安南（越南）、呂宋（菲律賓）和爪哇諸地貿易，日本長崎的《荷蘭商館日志》裡，就有一六五三年八月二十三日「國姓爺」商船入港的記載。在《熱蘭遮城日志》裡，也記載著一六五五年三月九日獲得的消息，「國姓爺」的二十四艘商船，分別開往下列各地：巴達維亞（雅加達）七艘、東京（越南）兩艘、暹羅十艘、馬尼拉一艘。同年八月十七日，「國姓爺」的八艘商船從巴達維亞回歸廈門。此外，據一六五六年十二月十一日的《巴達維亞城日志》載，「國姓爺」的六艘商船，也曾到達柬埔寨，收購很多的鹿皮及其他貨物前往日本。同上《日記》裡，還有「國姓爺」的三艘商船，於一六六一年三月二十一日到達暹羅的記載，僅就這些不完整的記錄，我們不難看出鄭成功海上貿易範圍的廣泛和規模的龐大。黃叔璥《臺海使槎錄》謂：「我朝嚴禁通洋，片板不得入海，而商賈壟斷，厚賄守口官兵，潛通鄭氏，以達廈門，然後通販各國。凡中國各貨海外皆仰資鄭氏，於是通洋之利，惟鄭氏獨操之，財用益饒」，可見清廷實施的海禁政策，無法有效禁絕鄭氏的海上貿易活動。

　　日本是鄭成功時期鄭氏集團的重要通商地區。鄭成功少年時於日本長大，熟知日本風土人情。一六四八年鄭成功遣使向幕府請援，幕府不允。一六五八年六月鄭成功由臺灣派船一艘（船員有一百四十七人）上方物並書信，德川幕府不給回書，九月諭使者歸，返其方物。據日本學者大庭修《江戶時代日中秘話》的統計，一六四一年九十七艘赴日商船中，有鄭芝龍船六艘，其他鄭氏七艘；一六六六年三十五艘中有鄭氏船十一艘；一六七〇年三十六艘中有鄭氏船十八艘；一六七六年二十九艘有鄭氏船九艘；一六七七年二十四艘中有鄭氏船十艘；一六七八年二十六艘中有鄭氏船七艘；一六八一年九

艘全為鄭氏船。貿易商品除絲、糖、雜貨、白銀、紅銅等外，軍器也是鄭成功對日貿易的另一個主要內容。日本自一六三四年雖然禁止輸出武器，但鄭成功仍然從日本私商購入不少武器。鄭成功軍隊號稱「鐵軍」，部分士兵用日本式的鐵鎧被身，畫以朱碧彪文，立於隊前，以挫敵鋒，又有持有日本槍的倭銃隊。上述士兵的配備，應從日本輸入。

鄭成功時代有所謂「五商」的組織，專門從事對外貿易。五商包括山、海兩路，山海五商並稱為十行。一六六二年鄭成功病死，鄭泰因擁立鄭襲事件而自殺，鄭經查其貨籍，發現他與日本交易之餘銀寄存於長崎。一六七五年鄭氏從日本取回餘銀二十六萬兩。《華夷變態》載有不少此次追討事件的文書，鄭泰遺族派出討銀的龔二娘謂：「我多年受鄭祚爺（指鄭泰）所託，作為其總代理，赴長崎貿易」。第二分文書〈蔡政口供和解〉則謂：「國姓森官居廈門擬攻南京之時，授祚爺以戶官之職務，在思明設仁、義、禮、智、信五所批發行從事貿易，又於杭州設立以金、木、水、火、土命名之五所批發行，並兵糧金銀之出入會計等，悉使祚爺支配」。

「五商」的山路五商包括金、木、水、火、土，設於內陸杭州及其附近地區，主要職責是收購各地貨物，並將其運往廈門；海路五商包括仁、義、禮、智、信，設於廈門，負責將大陸的物資販運到東西兩洋，據鄭氏降將史偉琦稱：「鄭成功強橫時期，原以仁、義、禮、智、信五字為號，建置海船，每一字型大小下各設有船十二隻」，鄭氏降將黃梧稱：「成功山海兩路，各設五大商，行財射利，黨羽多至五六十人」。十行由鄭氏集團的戶官直接掌管，戶官下設裕國、利民兩個公庫，具體負責船本、利息的收繳和各行的出入銀兩。在戎馬倥傯的永曆十一年（1657）五月，鄭成功下令戶官鄭泰「察算裕國庫、張恢利民庫」，又要林義等「稽算東西二洋船本利息」。說明他對外貿工作十分重視。

聶德寧教授認為鄭成功五商組織之分為山、海兩路，實際上是沿襲了明代後期以來民間海外貿易中的「鋪商」與「船商」的組織形式。鄭氏海商集團自鄭芝龍受撫為官以來，就是當時國內最大的鋪商和船商之一，只是他們本人並不親自參與直接的經營活動，而是出本、出船，委派其部屬家人置貨

購物興販於海內外。所謂山路五商,就是領取鄭氏資本在陸上從事進出口貨物買賣的鋪商;海路五商則是領取鄭氏的船本貨物興販運到海外的船商。山海兩路各五大商行的首領,即所謂的「五商領袖」。

據黃梧供稱:「一、順治十一年正月十六、七等日,曾定老等就偽國姓兄鄭祚(即鄭泰)手內領出銀二十五萬兩,前往蘇、杭二州置買綾、紬、湖絲、洋貨,將貨盡交偽國姓訖。二、順治十二年五月初三、四等日,曾定老就偽國姓管庫伍宇舍手內領出銀五萬兩,商販日本,隨經算還訖。又十一月十一、二等日,又就伍宇舍處領出銀十萬兩,每兩每月供利一分三釐,十三年四月內,將銀及湖絲、段疋等貨搬運下海,折還母利銀六萬兩,仍留四萬兩付定老等作本接濟」。從以上引文得知,「五商領袖」從鄭氏政權的戶官或銀庫管庫人那裡領取販貿資本,率其家人或黨羽夥計,或於沿海內地採辦買賣以通洋貨物,或於海外各地興販牟利,將其所得交付鄭氏政權的戶官或管庫人,結算本息,並領取下一次的經商資本。[8]

此外,鄭成功亦繼續實施鄭芝龍時代的「牌餉」制度。永曆七年(1645)鄭成功給其弟七左衛門的信說:「東洋牌餉銀,原定五百兩,客商請給,須照額輸納,吾弟受其實惠,方可給予,切不可為商人所瞞,短少餉額也。已發給十牌一張,寄交省官處,可就彼對領」。在另一封信中,鄭成功回答其弟七左衛門關於船牌納餉的事,謂「東洋牌船應納餉銀:大者貳千壹百兩,小者亦納餉銀伍百兩;俱有定例,周年一換。其發牌之商,需察船之大、小,照例納餉銀與弟,切不可為賣。聽其短少!不佞有令:著汛兵丁、地方官盤驗,遇有無牌及舊牌之船、貨,船沒官,船主、舵工拿解」。從上可知鄭成功按商船體積大小徵收餉銀,並發放牌照作為證明,若船隻被盤查時未能出示牌照或牌照逾期,鄭氏汛兵將沒收船隻。

據楊彥杰教授的估算,鄭成功每年對日本貿易總額,約達二一六萬兩。對東南亞的年貿易額,其輸入(東南亞)部分約在一二八至一六〇萬兩之間;

8　聶德寧:《明清之際鄭氏集團海上貿易的組織與管理》,收於方友義主編:《鄭成功研究》(廈門市:廈門大學出版社,1994年),頁330。

其輸出（往中國）部分約四十八至八十萬兩銀。兩項相加，鄭成功對東南亞的貿易總額，平均每年為一七六至二四〇萬兩。對日貿易的利潤，平均每年一四一萬兩銀；對東南亞貿易的所有利潤額，每年在九十三至一百二十八萬兩之間。在鼎盛階段，鄭成功軍隊約為十五至十八萬人，假設每人每年費銀約二十兩，鄭氏軍隊的開支，每年在三〇〇至三六〇萬兩之間。如加上明朝皇室費用、部將薪俸、其他饋贈、獎賞等，估計至少在四〇〇萬兩左右。鄭成功的海外貿易收入（假設平均每年約二五〇萬兩），約占總支出的百分之六十二。[9]楊教授的估算雖然不可能完全準確，但至少能提供具體數字，說明海外貿易對鄭氏政權財政的重要性。

鄭成功及鄭經時代，鄭氏集團的商人可以分為王商、官商和散商三類：

（一）王商

由鄭氏集團的最高領導者，鄭芝龍、鄭成功和鄭經組織商行，將資本和商船委託給商人經營，這些商人稱為王商。雖然許多王商其本身是「王府」的家人，如鄭成功時期的戶官鄭泰是鄭芝龍所「恩養」，但「王」與商之間更多的是一種委託代理關係，具有一定的獨立性。王商如鄭泰由於他對外貿易的出色工作，得以進入鄭氏集團的核心階層。王商從公庫領取資金，其組織優勢，使鄭氏集團能突破清朝的海禁，掌握中國產品出口的主導權。

（二）官商

同王商類似，為鄭氏集團的官員所有，將資本和商船委託給商人經營，而這些商人被稱為官商，「鄭氏時代擅商之利，大小各官多造商船往來貿易與東西兩洋與中國船在海上互相聯絡」。鄭氏部將更可以擁有自己的商船，貿易

9　楊彥杰：〈一六五〇至一六六二年鄭成功海外貿易額和利潤額估算〉，收於《鄭成功研究論文選續集》（福州市：福建人民出版社，1984年），頁221-235。

利潤就作為俸祿。《臺灣外記》謂：「（鄭經）知公（陳永華）貧，常以海舶遣公，謂商賈儆此，歲可得數千金，聊資公用」。一六八三年吏官洪磊指派部下黃程，將自己的商開往日本、暹羅從事貿易。

（三）散商

散商即是那些沒有任何政府和官員背景的自由商人。這些散商的特點是資本微薄，船主向鄭氏取得牌照，得以在鄭氏保護出洋貿易。鄭成功時代，一般散商的貿易額為銀一百至兩百兩，而且這些資本可能是借來的，也可能是自有的。他們從事貿易的方式多種多樣：一種是合夥造船，然後販運貨物並出租倉位，一種是合夥租其他船主的船，一種是租其他船主的倉位。一六六一年清廷緝獲前往日本的一條走私船，其中包括三十二個散商，在日本出售所帶貨物後，除張瑞外收入多在一百至兩百兩，四川商人王貴只有十二兩。[10]

鄭經即位後，由於面對清廷與荷蘭人同盟的壓力，更需要拓展其商業活動的空間以支持其軍事開支。為達到該目的，鄭經發出函件，向鄰近的地區示好，對以往關係有所惡化的地區，則積極修好彼此關係，謀求恢復舊有的貿易。清廷為斷絕內地對臺灣的接濟，實施禁海令，但鄭氏商船經常面臨的問題不是禁海令，因為清廷勢力雖然切斷了沿海與內地的聯繫，卻未能完全阻斷海上航路。真正影響鄭氏海上貿易活動的是清軍勢力範圍的擴大。生絲是對日貿易的主要出口品，廈門並不是生絲的主要生產地。清軍占領江浙、福州地區，導致鄭氏商隊無法取得生絲出口，《華夷變態》一六七八年〈四番東寧船之唐人口述〉謂：「眼下，錦舍（指鄭經）派出之船，有四艘自東寧（即臺灣）出發，三艘自廈門出發，特別是此番一時之亂，錦舍與福州之間也沒了通路，無法從福州帶出絲織品，故亦無法隨意派出太多船隻」。及至一六七

---

10 劉強：《海商帝國：鄭氏集團的官商關係及其起源（1625-1683）》（杭州市：浙江大學出版社，2015年），頁42-45。

九年以後，再無鄭氏商船從廈門出發到長崎貿易。[11]此外，鄭經時期中國與菲律賓的貿易同樣呈現衰退現象。據臺灣學者李毓中的分析，鄭經時期與菲律賓的貿易量，顯然較鄭成功時期衰退，相較鄭芝龍時期的年平均船數二十二艘，鄭成功的七點七五艘，鄭經時期（1663-1681）年平均艘數為三點七艘而已。其原因除了遷界令的影響外，很可能還包括了因鄭泰之死及鄭鳴駿率大批船隊降清，造成原有的商業網絡徹底瓦解及作為貿易之用的洋船缺乏之故。[12]

可是儘管從此，直到鄭克塽統治時期，鄭氏在臺灣經營的跨地域經貿活動，仍然是非常可觀的。康熙二十三年（1684）七月，鄭氏大將劉國軒麾下的一艘載有八十三人的商船，船身長七丈餘，闊兩丈四尺餘，從暹羅回廈門向清軍投誠。據管船官藍澤供稱：該船於臺灣建造，於康熙二十二年（1683）六月離開臺灣，配有白糖二〇五〇擔、冰糖一五〇擔，前往日本發賣，獲版銀一三五二〇兩，扣除開支三五一八兩五錢外，尚存版銀約一〇〇〇一兩。該船在日本購入紅銅、金版、京酒、柿菓、栗子、醬瓜、豉、油蜇等貨品，於十二月從日本開出，至次年二月抵達暹羅，除存紅銅一六〇箱外，售貨得款紋銀八三一二兩七錢七分五釐，扣除一五二九兩五分五釐開支後，實存銀六七八三兩五錢二分。該船在暹羅購入錫、蘇木、胡椒、象牙等貨品回廈門投降清軍。[13]

---

11 孫文：《華夷變態研究》（杭州市：浙江大學博士論文，2009年），頁120-121。

12 李毓中：〈明鄭與西班牙帝國：鄭氏家族與菲律賓關係初探〉，《漢學研究》第16卷第2期，頁48。

13 臺灣銀行經濟研究室編：《鄭氏史料三編》（臺北市：臺灣省文獻委員會，1995年），冊2，頁216-218。

第三章
明清時代廈門的對日貿易

明末時期的對日貿易

　　一五九三年開始，由於豐臣秀吉大舉侵略朝鮮並威脅中國，中日關係再度緊張，兩國商人的直接往來幾乎斷絕，及至萬曆以後，中日貿易再度蓬勃發展起來。一六〇八年至一六一八年，住在日本各地經商的華人急劇增加，僅長崎島的華商由二十餘人猛增到兩三千人。在日本各島，華商總計達兩三萬之多。當時不少移民長崎的廈門人或其後人，被幕府任命為「唐通事」，負責翻譯聯絡事務。蔡昆山，原籍同安，明末貿易商，於一六二四至一六四三年間東渡長崎，一六六三年被任為「唐船請人」，一六六四年八月病逝長崎，其第二至五代繼任「唐船請人」，第六至九代擔任唐通事。方貴峰，同安縣大西橋人，明末雕塑師，被邀前長崎福濟寺、崇福寺雕塑佛像，其後代入籍日本，並擔任唐通事。

清初對日貿易的恢復

　　一六三六年，日本僅開放長崎一港與中國、荷蘭等國商人交往。此時期鄭氏集團控制了中日航線，中日貿易主要表現為鄭氏集團與日本長崎的交往。清廷於一六八五年實行展界後，廈門對日貿易驟然大增。糖產品是當時廈門輸出的重要內容。康熙二十五年（1686）七月漂流到對馬的一隻廈門貿易船，即載有白糖四千擔、冰糖二千擔。不少臺灣船隻亦會往返於臺灣、廈門、上海等地。如《華夷變態》記於一七一八年駛入長崎港的二十二番臺灣船，曾於一七一七年四月七日從長崎出發，於四月十五日在上海靠港，販賣從日本

買入的貨物，於七月經廈門返回臺灣；其後在臺灣購買土貨至廈門出售。

據統計，一六七四年至一六八四年間，廈門赴長崎商船有十二艘，一六八五年至一七二八年有一五五艘。不少地方官員如施琅等以對日貿易為利藪，派出商船到日本貿易。一六八五年《華夷變態》〈十九番廈門船口述〉云：廈門的情況沒有異變，靖海侯施琅鎮守此地。施琅者，進攻東寧（指臺灣）之大將，因有軍功，受北京康熙帝之賞識，掌有兵權，因此可放心地派出數艘商船。特別是輔有朝廷的稅官，因此更可毫無掛礙的派船。我船，即為施琅自己的船，現後面還有一艘，那條船是艘大船，載貨亦多。一六八七年〈九番廈門船之唐人口述〉說：鎮守廈門的施琅，數年來派遣商船到日本。然去年始，日本實施「割符商賣」法，特別是總有原貨載回的船隻，故施琅暫時停止派船，並通告目前許百姓商船自由出入。[1]

德川幕府對華貿易的限制

盛清時期廈門對日大幅下滑，其原因與德川幕府限制商舶的政策有關。一六八五年，德川幕府為了改變日本國內金銀銅等金屬日益枯竭的狀況，發佈「貞享令」，對中國來日商船貿易總額進行限制。一六八五年，康熙帝基於鄭克塽提供的對日貿易報告，命福州總督、部院之官王國安，廈門之靖海侯施琅派人赴日，以臺灣土產進行貿易。當年清朝官船十三艘，裝載著臺灣土產皮、砂糖等，在福州武官江君開和廈門文官梁爾壽的監督下開赴日本貿易，結果幕府命令江、梁二人折返，並讓他們轉告上級官員，不得擅自再派官船前往日本貿易。一六八八年八月，幕府開始限制中國商舶數量，規定每年只能有五艘來自廈門的船隻到長崎貿易。一七一五年，德川幕府頒佈〈正德令〉，規定來航華人商舶，每年不得超過三十艘（南京、福州、寧波共二十一艘，廈門兩艘，臺灣兩艘，廣東兩艘，交趾、暹羅、咬留吧各一艘），貿易額每年不得超過六千貫，來長崎貿易的船必須持有日本政府預先發給的「信牌」，無

1　轉引自孫文：《華夷變態研究》（臺北縣：浙江大學博士論文，2009年），頁78。

牌者不准入港，每艘廈門船貿易額為二二○貫，輸出銅數限額為一一○○○斤，中日貿易進入信牌貿易時期。故此清代中葉以後，廈門商人通常較少直航日本，而是在四、五月分吹南風的時節，將閩南的砂糖運到江南等地，在九、十月分裝載棉花起帆回航。部分運到江南的砂糖，則會經乍浦運到日本的長崎，再由大阪的批發商運銷到日本各地。時日本德川幕府大將軍德川吉宗致力推廣砂糖生產，下令向長崎的中國船主收集製造砂糖的相關資訊。享保十一年（1726）九月廈門船主李大衡向幕府提供煮烏糖法和煮白糖法。前者講述甘蔗和竹蔗的栽培，以及製造紅糖的工藝，後者指出在紅糖湯汁裡須添加「蠔殼灰」，將其熬煮再煉出白砂糖。隨後日本製糖技術日漸普及，日本食品亦廣泛加入砂糖，形成今日日本菜餚普遍偏甜的特點。探本溯源，廈門商人對於清代中日文化之交流，亦有一定程度的貢獻。[2]

　　近代廈門商人移民海外，拓展商貿網絡，日本長崎的泰益號即係明顯例子。由於幕府限制金屬出口，清政府亦於乾隆二十四年（1759）禁止生絲、絲織品輸出，藥材、糖、海產等便成為中日貿易的主要內容。光緒年間廈門旅日華僑陳世望開設泰益號，經營中日貿易。泰益號賣到廈門的商品主要是海產和日本所產的藥材，賣到日本的產品主要是食品與雜貨，早期從日本輸出的貨品，主要經上海運到廈門，日俄戰爭後，經臺灣各港口輸入的比例逐漸增加。由於長崎商品在臺灣可享有免稅及航運優惠，所以跟上海、廈門、香港間的轉運委託業務，便成為泰益號重要收入來源。不少海產輸入廈門後，再轉口到腹地的內陸市場。泰益號的個案，正說明了近代東亞交易史上華商獨有的交易網絡及其作用。[3]

2　松浦章編：《近代東亞海域交流：航運・商業・人物》（臺北市：博揚文化，2015年），頁22-27。

3　市川信愛、戴一峰等：《近代旅日華僑與東亞沿海地區交易圈：長崎華商「泰益號」文書研究》（廈門市：廈門大學出版社，1994年），頁299-334。

第四章
近代廈門經濟網絡之演進

　　清代閩南海商以廈門為活動中心，建立與東亞其他地區的商貿關係，吳振強稱之為「廈門網絡」。十九世紀中葉西方入侵中國，使廈門與鄰近地區之經濟關係湧現新元素（如勞動力輸出及埠際金融流動等現象），甲午戰後日本占領臺灣，廈門對外經濟呈現結構性變動。這種新經濟關係萌芽於十九世紀下半葉，完成於二十世紀初年。二十世紀初廈門與東亞地區城市間之經濟聯繫，可概稱之為「經濟網絡」。學界對「網絡」的定義眾說紛紜，本文僅將「網絡」簡單地視作為一「有系統的關係網」，以廈門為該關係網之核心，集中於經濟關係之論述，探討二十世紀上半葉廈門城市賴以發展的對外經濟關係之演進。全章共分三個部分。第一部分包括本章之第一節，討論西力衝擊對廈門對外經濟之影響，其中特別重視交通模式之演變。蓋因城市間經濟聯繫由交通路線衍生而來，運輸模式的改變有助於城市間資源流量之增長，本部分即擬就此問題予以申論。第二部分包括第二至四節，參用日本學者濱下武志的「人、財、物」理論，從人口流動、資金流動、貿易關係三方面，探討廈門與其他城市間經濟聯繫過程中資源交換的內容，並側重該交換過程中各種協調機關之考察。[1]第三部分包括第五節，略述廈門對其內陸腹地之經濟影響。

五口通商後西力對廈門經濟網絡之影響

　　鴉片戰爭後西方勢力入侵中國，為近代「廈門網絡」產生三個變數：分

1　濱下武志著、馬宋芝譯：《香港大視野——亞洲網絡中心》（香港：商務印書館，1997年），頁66-67；濱下武志著，朱蔭貴、歐陽菲譯：《近代中國的國際契機：朝貢貿易體系與亞洲經濟圈》（北京市：中國社會科學出版社，1999年），頁6-7、10。

別是交通與通訊科技之近代化、資本主義世界經濟對東南亞的影響和新經濟中心的產生。

先言交通與通訊科技之近代化。西方在華列強為滿足通商和推銷本國工業產品需要，必須加強各東亞商業中心與歐、美各國的聯繫。首要工作是引入西方近代交通與通訊科技，建立一個由西方主導的交通網絡。五口通商後西方新式輪船航行於中國東南沿海，蒸汽船的普遍使用使中國舊式帆船逐漸喪失長距離埠際航運市場。[2]西方商人在中國沿海陸續開辦定期輪船航線，刺激華商仿效，令從前不少經營帆船貿易的東南亞漳泉商人改而從事輪船航運。一八五四年薛佛記之子榮樾及其兄弟合辦錦興船務行，開闢新加坡與廈門間航線，由薛榮樾負責廈門分行業務，一八七五年邱忠波則創設萬興船務行，購買和租用輪船經營新加坡、檳榔嶼、香港、汕頭、廈門等地的航運業務。[3]一八六〇年代大英輪船公司（Steamers of Peninsular and Oriental Company）及德忌利士（Mr. D. Lapraik）開辦往返香港、汕頭、廈門和福州間的定期航班。[4]一八六六年中日輪船和納閩煤炭公司（China and Japan Steamship and Labuan Coal Company Ltd.）開闢來往新加坡、納閩島、馬尼拉和廈門間的航線，使相當數量華僑改乘輪船前往馬尼拉。[5]一八七一年英商太古洋行開辦航行於香港、汕頭、廈門、淡水、安平等地之輪船服務，兩年後招商局在廈門設立分局，開闢廈門至上海等沿海港口航線，又於一八七八年開設汕頭至廈門線。[6]至此近代廈門輪船運輸交通網絡漸見雛形。一八七〇年代招商局

2　聶寶璋編：《中國近代航運史資料》（上海市：上海人民出版社，1983年），第1輯，上冊，頁165-166。

3　廈門華僑志編委會編：《廈門華僑志》（廈門市：鷺江出版社，1991年），頁55-56。

4　廈門市志編纂委員會、廈門海關志編委會編：《近代廈門社會經濟概況》（廈門市：鷺江出版社，1990年），頁2。

5　廈門市志編纂委員會、廈門海關志編委會編：《近代廈門社會經濟概況》（廈門市：鷺江出版社，1990年），頁7。

6　臺灣銀行經濟研究室編：《臺灣交通史》（臺北市：臺灣銀行，1955年），頁17；廈門交通志編纂委員會編：《廈門交通志》（北京市：人民交通出版社，1989年），頁3；張後銓主編：《招商局史（近代部分）》（北京市：人民交通出版社，1988年），頁60。

與外國輪船公司進行激烈競爭，使運費大幅下降，鼓勵廈門商人利用輪船從事各種的買賣事業。海關貿易年報指出廈門商人已學會不必依靠外國商人作媒介，獨自經營具有相當規模的貿易，意識到租用外國船隻的便利，擺脫外商控制。[7]一八七〇年代廈門土貨出口貿易經營幾乎完全落入漳泉商人手中。他們更在新加坡、爪哇、暹羅、馬尼拉和西貢等地收集廢鐵，用輪船運回，轉賣給本地鐵匠製成各種農具和家用工具。[8]一八九九年臺灣總督府為驅逐太古洋行在臺灣與華南間之勢力起見，命大阪商船會社開辦淡水至香港的輪船服務，每年由總督府撥款補助，降價與太古輪船公司競爭。[9]輪船公司的割價競爭，使輪船的貨運價格較帆船為低。至二十世紀初期，帆船的沿海埠際客運業務已大部分被輪船取代。近代廈門輪船運輸網絡亦告完成。茲將一九一〇年代初期廈門輪船交通航線表列如下：

航線名稱	航行路線	輪船公司或代理公司名稱	航行船隻數目
廈新線	廈門、汕頭、香港、新加坡	北德「路易德」汽船公司	1
		太古洋行	19
新廈線	新加坡、香港、汕頭、廈門	福昌洋行	3
廈檳線	廈門、汕頭、香港、新加坡、檳城	和源公司	4
廈仰線	廈門、汕頭、香港、檳城、仰光	仰和公司	3

7　廈門市志編纂委員會、廈門海關志編委會編：《近代廈門社會經濟概況》（廈門市：鷺江出版社，1990年），頁5。

8　廈門市志編纂委員會、廈門海關志編委會編：《近代廈門社會經濟概況》（廈門市：鷺江出版社，1990年），頁92、頁196。

9　臺灣銀行經濟研究室編：《臺灣交通史》（臺北市：臺灣銀行，1955年），頁20。

航線名稱	航行路線	輪船公司或代理公司名稱	航行船隻數目
中國日本爪哇線	日本、廈門、新加坡、香港、爪哇	渣華輪船公司	5
廈馬線	廈門、香港、馬尼拉	英商義和洋行	1
		太古洋行	3
淡水香港線	淡水、廈門、汕頭、香港	大阪商船會社	2
打狗廣東線	打狗、安平、廈門、汕頭、香港	大阪商船會社	1
福州香港線	福州、廈門、汕頭、香港	大阪商船會社	1

大阪商船會社資料出自臺灣銀行經濟研究室編：《臺灣交通史》，頁21；其他資料出自臺灣銀行調查課編，趙順文譯：《僑匯流通之研究》（臺北市：中華學術院南洋研究所，1984年），頁25-31。

　　至一九三六年，航行廈門和東南亞各埠間的輪船達八十餘艘，最大者達一萬噸，小者亦有四千噸。[10]

　　內河航運方面，一八九八年中國實施內港行輪章程，容許外商參與內河航運業務，航行於閩南的小汽輪從一八九八年的九艘增至一九○一年的二十四艘，使來往於周圍鄉鎮的客運數達到二一五五六九五人。[11]一九○七年共有二十五艘汽輪來往於閩南河道，一九三○年代廈門內陸汽船航行路線增至二十二條。[12]茲將一九○七年閩南各地汽輪數量及航行地區表列如下：

10　《申報》，1936年3月2日。

11　China, The Maritime Customs, *Decennial Report, 1892-1901* (Washington, D.C.: Center for Chinese Research Materials, Association of Research Libraries, 1969), p.144。

12　鐵道部業務司調查科編：《京粵線福建段經濟調查報告書》，福建省圖書館1933年藏本，頁145-146。當然這並非表示帆船完全絕跡於廈門海域內，九龍江部分支流河道淺窄，小汽輪靠岸起卸貨物不易，且閩南沿海小島人口稀疏，與其他地區貿易量較小，商人覺得經營輪船運輸無利可圖，故島民仍以帆船為交通工具。一九三七年同安、廈門和金門尚有民船2,400艘，以往來於海港內之「雙槳」數量最多，共1,100艘，佔總數45.83%，其餘亦多是小型貨船及渡船，見福建省政府秘書處統計室編：《福建省統計年鑑·第一回》（福州市：福建省政府秘書處公報室，1937年），頁1058、1060。

航行地區	汽輪數量	中國籍汽輪	外籍汽輪
泉州	6	5	1
石碼	5	0	5
安海	5	1	4
同安	2	0	2
石美	2	0	2
內垵	1	0	1
金門及劉五店	1	0	1
新垵	1	0	1
浮宮	1	1	0
漳州至石碼	1	1	0
總計	25	8	17

資料出自日本廈門帝國領事館：〈廈門及內河間往來小蒸溂船狀況〉，載日本外務省通商局編：《通商彙纂》（東京都：不二出版，1996年復刻版），冊102，1907年8月號，頁31-32。

　　通訊事業方面，一八七一年大北電報公司（Great Northern Telegraph Company）在上海與香港間鋪設電纜，次年該公司將廈門和上海及杳港部分的電纜連接起來，廈門可透過電報與歐美市場聯繫，該公司隨後建成兩條通往福州和鼓浪嶼的電報線[13]，一八八七年至一九〇四年間泉州、漳州、雲霄、詔安等地電報業務相繼開展[14]，確立廈門作為閩南地區通訊中心之地位。郵政方面，廈門的國外郵政服務始自外人在華設置之郵局。鴉片戰爭時期英人於鼓浪嶼設立軍郵局，戰後郵遞服務改歸「領事郵政代辦所」統轄，法、德、美等列強相繼仿效。一八九六年清廷為抵制列強在華客郵服務，開辦「大清

---

13 廈門市志編纂委員會、廈門海關志編委會編：《近代廈門社會經濟概況》（廈門市：鷺江出版社，1990年），頁94。

14 China, The Maritime Customs: *Decennial Reports, 1902-1911* (Washington, D.C.: Center for Chinese Research Materials, Association of Research Libraries, 1969), p. 106.

郵政官局」。[15]此後廈門郵政服務不斷拓展,一九一四年三月中國加入萬國郵
政聯盟,從此郵件可寄到世界各地,郵遞效率大大提高。[16]

　　西方近代交通與通訊事業對廈門網絡的發展影響深遠。輪船節省了區域
間人力及資源交流所需時間,創造了廈門能更有效從閩南、閩東等地吸取人
力資源,向東南亞大量輸出勞動力的契機。二十世紀初廈門和閩南以外城市
間之旅客流量達到十六萬人次以上,發展前提是在近代航運事業發展下進
行。新式通訊事業則加速東亞各城市間信息交流,配合匯票、匯款單、銀行
支票等新式交易手段擴大商業信貸的使用,促成區域市場整合,產生跨地域
金融體系。十九世紀後期廈門各商號生意往來,必以現洋交易。店戶現洋之
多寡,「首賴南洋,次仰港滬」。廈門商界急欲現款周轉,可與港滬商號互相
匯兌,買賣抵畫,甚至運現交換,保持市面金融暢通。[17]此外廈門每年運往新
加坡銷售貨品約值一百餘萬元,漳泉等處華僑由新加坡匯款回廈者約有七百
至八百萬元,新加坡貨品運銷廈市者寥寥無幾,新廈兩地匯款多經港滬兩處
轉匯。[18]埠際金融流動的活躍,使流入廈門金融市場的資金不斷增加,一九〇
一年至一九一一年間,市場資本額從一千萬元增至二千二百萬元[19],奠定二十
世紀上半葉廈門作為華南僑匯中心的地位。

　　交通與通訊科技為廈門網絡近代化提供先決條件,西方所帶來的資本主
義世界經濟則決定了網絡資源流動內容。十八世紀歐人拓展東南亞的殖民統
治,將東南亞地區經濟捲入資本主資世界經濟體系內。十九世紀中葉以後此
經濟體系出現一個「世界性分工合作」(The World Division of Labor)新趨向,

15 彭瀛添:《列強侵華郵權史》(臺北市:華岡出版公司,1979年),頁57-106;張翊:《中
　　華郵政史》(臺北市:東大圖書公司,1996年),頁246、頁249-250。
16 張翊:《中華郵政史》(臺北市:東大圖書公司,1996年),頁264-265。
17 中國銀行廈門市分行行史資料匯編編委會編:《中國銀行廈門市分行行史資料匯編
　　(1915-1949年)》(廈門市:廈門大學出版社,1999年),上冊,頁13-14。
18 中國銀行廈門市分行行史資料匯編編委會編:《中國銀行廈門市分行行史資料匯編
　　(1915-1949年)》(廈門市:廈門大學出版社,1999年),上冊,頁87-88。
19 China, The Maritime Customs: *Decennial Reports, 1902-1911* (Washington, D.C.: Center for
　　Chinese Research Materials, Association of Research Libraries, 1969), p. 104.

體系中心的工業國家向體系邊陲的落後地區輸出工業製成品，誘使後者專門發展集中於數種貨品的出口經濟。這種趨向在列強的殖民地表現尤其明顯，蓋因宗主國鼓勵殖民地與本國間貿易，限制殖民地向其他價格較廉的地區輸入其他產品，同時控制殖民地出口貿易。[20]一八三〇年荷蘭人在荷屬東印度推行種植制度（the Culture System），迫令土民放棄自給自足的耕種模式，改種咖啡等出口經濟作物。一八七〇年代以後出口貿易在東南亞普及化[21]，增加東南亞勞動力市場的需求。華僑投資農業和礦業生產模式亦迎合了此種趨向，馬來西亞華商多以合資或小公司等小單位形式進行礦產業投資，利用廉價移民勞工採挖礦產，卻不熱衷運用先進科技改進生產，其他華資礦產業和橡膠種植也有類似情況。[22]出口貿易也使華僑經濟產生某程度轉變。殖民地宗主國向殖民地輸出本國工業產品，西方商人與土著消費者接觸極少，必須透過仲介者把西方輸入商與殖民地消費市場連接起來，華僑商人正好擔當這種仲介角色。華僑商人向土著銷售西方商品，收購土著農產品供西方企業出口之用，扮演出口貿易「中間批發商」的角色，也將中國本土市場流行的「賤買貴賣」、「薄利多銷」、「賒賣法」及兼營高利貸等商業信念和習慣帶到東南亞零售批發市場，依靠同鄉、人情等非經濟因素建立壟斷式銷售網絡，故日人稱華僑主要經濟勢力是「中間的商業活動」。[23]

　　西方殖民式統治加強了東南亞經濟被捲入世界體系之趨向，工業發展則擴大了東南亞農產和礦產品出口市場。二十世紀初不少閩僑憑著經營農產及

20 Thomas R. Shannon, *An Introduction to the World-System Perspective* (Boulder: Westview Press, 1989), pp. 66-67.

21 D. R. SarDesai, *Southeast Asia: Past & Present* (Boulder: Westview Press, 1997), 4th ed., pp. 95-96; David Joel Steinberg ed., *In Search of Southeast Asia: A Modern History* (Honolulu: University of Hawaii Press, 1987), revised ed., p. 225.

22 Victor Purcell, *The Chinese in Southeast Asia* (London: Oxford University Press, 1965), 2nd ed., pp. 282-285; Steinberg ed., *In Search of Southeast Asia: A Modern History* (Honolulu: University of Hawaii Press, 1987), revised ed., pp. 225-226.

23 滿鐵東亞經濟調查局編：《三十年代蘭領東印度之華僑》（臺北市：中華學術院南洋研究所，1985年），頁147。

礦產品出口致富，如黃仲涵、黃奕住之於糖業，陳嘉庚、曾江水、陳延謙、陳六使之於橡膠業。同時世界市場價格起落無常，泉漳商人以「拚搏精神」參與投機買賣，在幸運女神眷顧下頓成鉅富。如歐戰末期糖價漲落無常，一九一七年黃奕住購入大量糖產品幾近破產，幸得黃仲涵及日本正金銀行等相助勉強度過難關。兩個月後糖價回升，黃氏借貸收購鉅額期糖。豈料糖價再度下跌，黃氏日坐愁城。一九一八年歐戰結束，糖價暴漲，黃氏再度收購糖產品，連同存貨一併出售，半年內獲利三千七百萬盾。[24]非土生華僑向有「落葉歸根」的鄉土觀念，多攜鉅款回國定居，或投資於親戚朋友興辦之事業分享利潤。[25]前者使華南地區僑資充斥，增添近代廈門網絡之經濟動力；後者為漳泉移民創造更多就業與致富機會，強化了東南亞對閩南移民之吸力，構成近代廈門網絡「人、財、物」流動之宏觀圖像。

　　網絡內部既有交通線的產生，自必有若干集中點的出現。西方勢力在東亞建立的交通網絡亦不例外，這些「點」成為近代亞洲新經濟中心，其中以上海、香港和新加坡地位重要。新加坡是英國對抗荷蘭人的貿易壟斷及建立對華貿易之戰略據點[26]，一八一九年萊佛士（Thomas S. Raffles）採取重商主義政策，吸引馬六甲的漳泉商人湧入，一八二一年二月第一艘帆船從廈門運載移民駛抵新加坡，從此閩南人口比例逐年遞增，一八二七年漳泉集團已占當時華人人口的百分之三十三點三，一九三一年增至百分之四十三。[27]閩南人在當地多經營商業與對外貿易、航運業、銀行與信匯局等金融機構，橡膠、製油、罐頭、米業與木材業也多操縱在他們手中，與潮籍移民共執新加坡經

24 趙德馨：《黃奕住傳》（長沙市：湖南人民出版社，1998年），頁43-51。

25 滿鐵東亞經濟調查局編：《三十年代蘭領東印度之華僑》（臺北市：中華學術院南洋研究所，1985年），頁148。

26 D. R. SarDesai, *Southeast Asia: Past & Present* (Boulder: Westview Press, 1997), 4th ed., p. 92.

27 Saw Swee-Hock, "Population Growth and Control," in Ernest C. T. Chew, Edwin Lee eds., *A History of Singapore* (Singapore: Oxford University Press, 1991), p. 220；林孝勝：〈開埠初期的新華社會〉，載柯木林、林孝勝合著：《新華歷史與人物研究》（新加坡：南洋學會，1986年），頁13-29；崔貴強：《新加坡華人──從開埠到建國》（新加坡：教育出版私營公司，1994年），頁20。

濟之牛耳。[28]新加坡於近代廈門網絡中占有兩個重要地位。其一是閩南輸往東南亞土產貨品的集散地：新加坡是英屬馬來亞最大貿易港，一九〇九年新加坡佔整個海峽殖民地入口貨品總額百分之七十一點二，[29]也是閩南土貨最大輸出港，一九三六年廈門輸往新加坡貨品總值二二九六七一二元，占該年出口額百分之五十七點三八。[30]印尼、馬來西亞等地中國土貨多由新加坡供應。其二是閩南華僑出國及歸國的轉口站：新加坡是東南亞航運中心，閩僑從廈門乘船至新加坡，在當地搭乘其他交通工具到馬來亞、印尼等地。一九一三年有六五四四六名華人從廈門前往新加坡等處，占當年出國華人總數百分之七十七點一三，[31]一九二七年則有七八六二八人，佔該年總數百分之六十三點三五。[32]

香港是另一個由英人所建立的新興城市。一八四〇年英軍占領香港，用作對華軍事行動的據點。[33]英人推行自由貿易港政策，吸引中外商人來港活動。英法聯軍之役後，香港漸次轉化成英國對華貿易的最大轉口港和航運中心。自廈門開港初期，大部分英國進口廈門的貨品都從香港轉運抵廈，中國商人亦利用帆船從事鴉片走私貿易。[34]香港在二十世紀上半葉的廈門網絡中起

---

28 崔貴強：《新加坡華人——從開埠到建國》（新加坡：教育出版私營有限公司，1994年），頁147。

29 Robert L. Jarman ed., *Annual Reports of the Straits Settlements, 1855-1941* (Slough: ArchiveEditions Ltd., 1998), vol. 6, p. 165.

30 福建省政府秘書處統計室編：《福建省統計年鑑‧第一回》（福州市：福建省政府秘書處公報室，1937年），頁832。

31 "Amoy Trade Report for the Year 1913", China Maritime Customs, China Maritime CustomsPublications (Shanghai: Statistical Department of the Inspector of Customs, 1861-1948), reel45, p. 1108.

32 〈廈門關民國十六年華洋貿易報告統計冊〉，載《中華民國海關華洋貿易總冊‧民國十六年》（臺北市：國史館史料處，1982年），冊2，頁22。

33 R. Montgomery Martin, "Report on the Island of Hong Kong, 24 July 1844," inR. L. Jarman ed., *Hong Kong Annual Administration Reports: 1841-1941* (Slough: Archive Editions, 1996), vol. 1, p. 14.

34 廈門市志編纂委員會、廈門海關志編委會：《近代廈門社會經濟概況》（廈門市：鷺江出版社，1990年），頁95；W. S. K. Waung, *The Controversy: Opium and Sino-British Relations, 1858-1887* (Hong Kong: Lung Men Press, Ltd., 1977), pp. 13-19.

了兩個作用：第一是廈門的重要洋貨進口港。一九〇〇年約有占入口總值百分之五十五點七六的洋貨從香港輸入廈門。[35]第二是港廈間有密切的金融聯繫。一九〇〇年有價值五三五九九四關平銀的金銀從香港流入廈門，價值一二八〇一一二關平銀的金銀從廈門流入香港。[36]香港亦為東南亞與華南間之匯款樞紐，一九一四年中國銀行福建分行建議於香港開辦分行時指出：「南洋各埠及廈門、汕頭之金融匯兌，悉以香港為中樞，如香港無我行之分號，則匯款無以轉移」。[37]二十世初在港閩人以客棧經營者及貿易商財力最為雄厚。一九一一年當地客棧及熱心者，捐出港島懷德里兩座小樓為旅港福建商會產業。[38]一九四七年閩人在港經營商店共兩百九十七間，經營出入口者共一百一十間（占總數37%），匯兌店二十三間（占總數7.74%），船務、運輸及票務代理二十一間（占總數7.07%），漆器店二十二間（7.4%），可見其時在港閩人經濟活動與僑匯、人口流動及貿易有密切關係。[39]

上海並非西人所建立的新興城市，清代以降該地已是中國本土南北貿易的樞紐，亦是清代廈門網絡其中一個連接點。當地泉漳商人多從事運輸及貿易活動，故有泉漳會館及花糖洋貨行點春堂之建立。前者建於一七五七年，由泉、漳兩地商船戶及洋船戶捐資興建[40]；後者建於道光初年，由汀州、泉州、

---

35 "Amoy Trade Report for the Year 1900", China Maritime Customs, *China Maritime Customs Publications* (Shanghai: Statistical Department of the Inspector of Customs, 1861-1948), reel 31, p. 459.

36 "Amoy Trade Report for the Year 1900", China Maritime Customs, *China Maritime Customs Publications* (Shanghai: Statistical Department of the Inspector of Customs, 1861-1948), reel 31, p. 473.

37 中國銀行廈門市分行行史資料匯編編寫組編：《中國銀行廈門市分行行史資料匯編：1915-1949年》（廈門市：廈門大學出版社，1999年），上冊，頁23。

38 王少平：〈旅港福建商會沿革概況〉，載旅港福建商會、福建旅港同鄉會編：《香港閩僑商號人名錄》（香港：編者自印，1947年），頁2。

39 王少平：〈旅港福建商會沿革概況〉，載旅港福建商會、福建旅港同鄉會編：《香港閩僑商號人名錄》（香港：編者自印，1947年），頁1-23。

40 〈興修泉漳會館碑〉，載上海博物館圖書資料室編：《上海碑刻資料選輯》（上海市：上海人民出版社，1980），頁235-238。

漳州三府花糖洋貨各商所立。[41]十九世紀中葉西力使上海經濟出現兩個變化：
分別是新式金融事業及大規模生產事業之興起，奠定二十世紀上海在中國經
濟的領導地位，近代中國的中外銀幣匯率常以上海錢市為標準。[42]上海在近代
廈門網絡有兩個重要地位：其一是全國最大的工業生產中心，也是日本及東
三省貨品輸入之轉口港。[43]其二是與廈門有密切的金融聯繫。除前述之商業聯
繫外，每年廈滬之間有大量金銀流動。一九一三年上海約有價值一〇九七九
〇四關平銀的金銀流入廈門，後者有一一二四六八關平銀的金銀流回上海；[44]
一九二八年則有一五七二二二關平銀的金銀流入廈門，後者有一三二一九七
關平銀的金銀輸回上海[45]，又三十年代廈門與世界主要城市的匯率，則是依照
上海銀行報價決定。[46]

　　綜合而言，十九世紀西方憑著先進的科技和經濟力量，把海洋中國完全
捲入資本主義世界經濟體系內，使清代廈門網絡在交通網絡、資源交換內容
和網絡中樞點出現不同程度改變，說明了若忽視西力對亞洲經濟的影響，絕
不可能圓滿地解釋近代廈門經濟網絡之演變。這種改變把廈門之盛衰與東南
亞華僑經濟緊扣起來，釋放了歷史上漳泉海商的冒險與求變精神，開啟近代
廈門經濟史新一頁。

---

41 〈清代上海主要會館公所一覽〉，載上海博物館圖書資料室編：《上海碑刻資料選輯》（上
　　海市：上海人民出版社，1980），頁508。

42 陳達：《南洋華僑與閩粵社會》（長沙市：商務印書館，1938年），頁83。

43 如上海是二十世紀初期長崎與廈門之貿易中轉站，見市川信愛：〈從長崎「泰益號」的
　　文書看戰前長崎華商的亞洲海上貿易網絡〉，載原武道、陳湛頤、王向華編：《日本與亞
　　洲華人社會——歷史文化篇》（香港：商務印書館，1999年），頁39-40。

44 "Amoy Trade Report for the Year 1913," China Maritime Customs, *China Maritime Customs
　　Publications* (Shanghai: Statistical Department of the Inspector of Customs, 1861-1948), reel
　　31, p. 1106.

45 〈廈海關民國十七年華洋貿易報告統計冊〉，載中華民國海關：《中華民國海關華洋貿易
　　總冊》（臺北市：國史館史料處，1982年），頁21。

46 廈門市志編纂委員會員、廈門海關志編委會：《近代廈門社會經濟概況》（廈門市：鷺江出
　　版社，1990年），頁411。

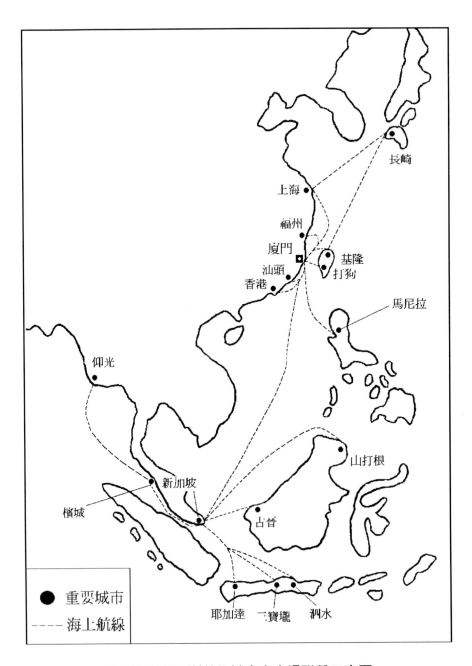

近代廈門與亞洲其他城市之交通聯繫示意圖

網絡內之人口流動

　　勞動力輸出是二十世紀上半葉廈門經濟網絡運作之一大內容。廈門為閩南對外交通孔道，閩南移民多經廈門出入國境。戴一峰估計從一八九〇年至一九三〇年的四十年間，累計約一百三十六萬人遷移海外，每年淨遷移人數高達三萬四千人。[47]茲將一九〇〇年至一九三七年間廈門海關華人出入境數字表列如下（缺一九二九年及一九三〇年兩年數字）：

年分	出境人數	入境人數	出境與入境人數差額	出境及入境旅客總數
1900	105,416	67,701	37,715	173,117
1901	95,481	73,258	22,223	168,739
1902	102,516	63,421	39,095	165,937
1903	97,034	66,115	30,919	163,149
1904	102,948	70,817	32,131	173,765
1905	76,329	49,105	27,224	125,434
1906	91,727	46,500	45,227	138,227
1907	100,466	56,070	44,396	156,536
1908	79,243	53,538	25,705	132,781
1909	71,771	61,830	9,941	133,601
1910	107,612	57,977	49,635	165,589
1911	114,519	55,799	58,720	170,318
1912	126,008	63,233	62,775	189,241
1913	103,289	91,659	11,630	194,948
1914	85,173	97,333	−12,160	182,506

---

47 戴一峰：〈閩南海外移民與近代廈門興衰〉，《二十一世紀》第31期（1996年6月），頁49。

年分	出境人數	入境人數	出境與入境人數差額	出境及入境旅客總數
1915	66,907	66,342	565	133,249
1916	95,157	69,272	25,885	164,429
1917	77,781	62,114	15,667	139,895
1918	66,207	52,163	14,044	118,370
1919	68,242	61,032	7,210	129,274
1920	87,266	73,257	14,009	160,523
1921	102,273	84,232	18,041	186,505
1922	81,243	83,482	−2,239	164,725
1923	94,042	71,384	22,658	165,426
1924	104,300	82,015	22,285	186,315
1925	132,071	128,228	3,843	260,299
1926	267,669	217,669	50,000	485,338
1927	156,680	144,447	12,233	301,127
1928	126052	138283	−12231	264335
1931	57,912	124,823	−66,911	182,735
1932	49,062	112,750	−63,688	161,812
1933	46,842	94,036	−47,194	140,878
1934	62,461	76,470	−14,009	138,931
1935	73,740	83,487	−9,747	157,227
1936	80,216	78,513	1,703	158,729
1937	100,360	69,536	30,824	169,896

一九〇〇年至一九一三年出自歷年「Amoy Trade Report」；一九一四年至一九二八年數字出自歷年《中華民國海關華洋貿易總冊》；一九三一年至一九三七年數字出自廈門市志編纂委員會、廈門海關志編纂委員會編：《近代廈門社會經濟概況》（廈門市：鷺江出版社，1990年），頁440-441、446-447。

　　上述海關入港數字並不完全準確，實際數字可能比上文所列數字較高，此點亦為海關官員承認。[48]茲將自國外往返廈門之旅客目的地及其數量表列如下（臺灣旅客並不計算在內）：

A. 出國旅客

年分	香港		新加坡等地		馬尼拉		西貢及其他港口	
	人數	所占百分比	人數	所占百分比	人數	所占百分比	人數	所占百分比
1900	4855	5	79263	83.25	1051	1.1	10044	10.55
1905	6337	9.39	55729	82.54	57	0.9	5392	7.99
1910	9001	10.1	73510	82.53	833	0.94	5728	6.43
1915	12389	23.2	29465	55.18	4275	0.8	7272	13.62
1920	4768	7	49820	74.17	551	0.82	12034	17.91
1925	10755	11.1	74972	77.36	948	0.98	10234	10.56
1932	4639	11.38	9027	22.14	17834	43.75	9260	22.72
1935	11131	21.75	22875	44.71	10483	20.49	6679	13.05

B. 歸國旅客

年分	香港		新加坡等地		馬尼拉		西貢及其他港口	
	人數	所占百分比	人數	所占百分比	人數	所占百分比	人數	所占百分比
1900	26860	50.6	24893	46.89	985	1.86	347	0.65
1905	16887	45.48	18920	50.96	1185	3.19	138	0.37

---

48 "Amoy Trade Report for the Year 1906," China Maritime Customs, *China Maritime Customs Publications* (Shanghai: Statistical Department of the Inspector of Customs, 1861-1948), reel 37, p. 371.

年分	香港		新加坡等地		馬尼拉		西貢及其他港口	
	人數	所占百分比	人數	所占百分比	人數	所占百分比	人數	所占百分比
1910	18366	55.73	9851	29.89	4664	14.15	72	0.21
1915	15870	31.7	27700	55.34	6480	12.95	1	0.002
1920	9817	20.67	31681	66.7	5997	12.63	0	0
1925	10716	10.95	73604	75.19	12492	12.76	1085	1.11
1932	23134	23.76	46137	47.38	16944	17.4	11157	11.46
1935	16001	28.94	19591	35.43	9359	16.93	10343	18.71

一九○○年至一九一○年出自「Amoy Trade Report」；一九一五年至一九二五年數字出自歷年《中華民國海關華洋貿易總冊》；一九三二年至一九三五年數字出自廈門市志編纂委員會、廈門海關志編纂委員會編：《近代廈門社會經濟概況》（廈門市：鷺江出版社，1990年），頁441、447。

廈門出入國境旅客以移民占絕大多數。英屬馬來亞及荷屬東印度是閩南移民的熱門地點，因菲律賓政府限制移民入境，故移民人數較少。新加坡和香港是大多數出國移民的首站，他們抵達兩地後，轉乘其他交通工具前往印尼、馬來亞、菲律賓等地。香港是二十世紀頭十年最多華僑歸國之中途站，惟自一九一○年代以後，新廈間輪船班次頻密，香港的移民中轉站地位日漸下降。

影響廈門華僑出國數量之因素有四：第一是東南亞各地對勞動力的需求。歐美經濟繁榮推動東南亞出口生產之興盛，刺激勞動力之需求。二十世紀初每年均有六萬名移民從廈門前往新加坡與馬來西亞等地。[49]一九二九年西方發生經濟大恐慌，東南亞原料出口大減，導致當地經濟蕭條。此外二十年代華商勢力膨脹，惹起各地殖民政府戒心，設法偏袒本國商人，致令馬來亞樹膠、錫礦之英商勢力日益增長，華商力量日益減縮，加上三十年代西方資

---

[49] "Amoy Trade Report for the Year 1901," China Maritime Customs, *China Maritime Customs Publications* (Shanghai: Statistical Department of the Inspector of Customs, 1861-1948), reel 32, p. 474.

本的錫礦業多改用機器，工人被遣回國者頗多[50]，故一九三一年至一九三五年廈門入境人數均多於出境人數。

　　第二是殖民地政府對中國移民之限制。如一九一三年新加坡政府鑑於天花流行，禁止廈門旅客於十四日內登岸，四月十六日至六月十日廈新等處客輪服務全部停止，致使前往新加坡的旅客較上年少二七〇〇〇人。[51]一九一五年新加坡政府因歐戰爆發，限制華客進口，自一九一四年八月起至一九一五年四月止，除第一、第二兩等客外，不准華客進入新加坡，該年前往新加坡旅客續下跌至二九四六五人，較上年減少二〇五四六人。[52]自一九二〇年代末期，各國陸續收緊移民入境政策，一九二八年英政府發佈移民限制法令，規定每月華僑入口數額五千人，嗣後逐年遞減。[53]一九三二年荷印政府限制移民數額，規定每年只許移民一萬兩千人，由十五種民族均分配額，新客入境極不容易[54]，由是使三十年代移民人數大幅下滑。

　　第三是廈門與東南亞間之交通狀況。此種因素影響性較為短暫，如一九一一年底前往新加坡的船費降至四點五元，使前往新加坡的移民從一九一一年的八一三七五人增至一九一二年的九一八〇七人。[55]一九一四年歐戰爆發，往來新廈兩地輪船多改駛往他港，使當年前往新加坡等地的旅客較上年減少一五四三五人。[56]一九二〇年輪船公司間競爭激烈，普通統艙票價下跌至十二

---

50 何鳳嬌編：《東南亞華僑資料彙編（一）》（臺北市：國史館，1999年），頁311、頁381。

51 "Amoy Trade Report for the Year 1913," China Maritime Customs, *China Maritime Customs Publications* (Shanghai: Statistical Department of the Inspector of Customs, 1861-1948), p. 1091.

52 〈中華民國四年廈門口華洋貿易情形論略〉，頁993。

53 何鳳嬌編：《東南亞華僑資料彙編（一）》（臺北市：國史館，1999年），頁295。

54 何鳳嬌編：《東南亞華僑資料彙編（一）》（臺北市：國史館，1999年），頁234。

55 "Amoy Trade Report for the Year 1911," China Maritime Customs, *China Maritime Customs Publications* (Shanghai: Statistical Department of the Inspector of Customs, 1861-1948), reel 42, p. 612; "Amoy Trade Report for the Year 1912," China Maritime Customs, *China Maritime Customs Publications* (Shanghai: Statistical Department of the Inspector of Customs, 1861-1948), reel 43, p. 659.

56 〈中華民國三年廈門口華洋貿易情形論略〉，頁942。

元，間有兩次降低至一點五元，吸引不少生計困絀之居民出外尋找致富機會，令當年出國旅客較一九一九年增加一九〇二四人。[57]

第四是閩南勞動力市場的供應量。出洋謀生向為閩南社會之傳統風氣，但天災、兵禍或農民經濟模式之轉變，亦會對勞動力的供應量有所影響。如一九一〇年出境人數較上年增加三五八四一人，海關報告總結為三大原因：分別是農作物失收、清廷完全禁止農民栽種鴉片及東南亞的橡膠種植吸引移民。[58]一九二二年閩南戰禍頻仍，省內行旅維艱，且軍閥鼓勵農民種植鴉片，耕作在在需人，工資較為優厚，打消部分居民出國念頭，故該年出國人數較上年減少二一〇三〇人。[59]

閩省華僑出國有三大途徑：一是客頭招募；二是洋行招募；三是自行移民。十九世紀中期移民多循客頭和洋行招募兩個途徑出國。一九一〇年代洋行招募因受到各國政府嚴格管制而漸次衰退，故一九一〇年以後的閩省移民多跟隨客頭或自行出洋。在廈門移民出國過程中，有四種機關將閩省人力資源與東南亞勞動力市場連結起來：

1. 客頭

閩省出洋人口有所謂「舊客」和「新客」之別。前者指來往移民地與故鄉的華僑，後者指新出國移民。「新客」對外地素無認識，必須依靠「舊客」協助指引，客頭由是產生。客頭與廈門客棧保持緊密聯絡，幫助新客尋找工作，用高利貸形式替他們墊付盤川及安家費。通常新客到達目的地後四個月內，須附加利息歸還客頭墊付的交通及住宿費，利率約為百分之一百至百分之兩百五十。如新客無力即時清還，再按每四個月增加百分之十至百分之十

57 〈中華民國九年廈門口華洋貿易情形論略〉，頁22。

58 "Amoy Trade Report for the Year 1910," China Maritime Customs, *China Maritime Customs Publications* (Shanghai: Statistical Department of the Inspector of Customs, 1861-1948), reel 41, p. 577.

59 〈中華民國十一年廈門口華洋貿易情形論略〉，頁20-21。

五利息計算。客頭多招募同鄉新客,防止新客抵達目的地後逃避債務。[60]一九一〇年代廈門約有客頭一千人,抗戰前有一千一百人,他們慣常以掛帳方式向廈門、香港的客棧借支,以四個月為限期,待客頭從目的地歸來結帳。[61]據一九一七年北京政府調查報告指出,廈門出國華工籍貫以興化、泉州、永春三屬之人數最多。[62]客頭與客棧通常詳細記錄移民資料,移民逃避債務,向保證人追討,若移民不幸身故則不予追究。早期客頭兼營僑匯業務,受新客所托把匯款送回家鄉親眷,攜帶土產品發賣作為副業。[63]部分客頭亦有開辦民信局專營僑匯。如天一信局創辦人郭有品本為川走菲廈間之客頭批腳,後自立門戶充任客頭,一八九二年創辦天一信局,業務不斷擴展,成為二十世紀初東南亞第一大信局。[64]

2. 客棧

客棧是為移民提供臨時住宿地的機關,與客頭有共生關係。客棧向船頭行借得船票,以一張附加四至五元的價格賣給客頭,待客頭回到廈門時收回墊款,客頭則替客棧招徠新客。客棧擁有固定客頭,數目由十數人至二、三人不等。客棧偶與客頭以共同投資方式分擔客頭業務,甚至直接兼營客頭工作,部分客棧亦有經營民信局。客棧一般屬小本經營,大者約五、六千元,小者僅數百元。[65]二十年代廈門客棧資本較從前為大,約五萬元全十萬元不

60 臺灣銀行調查課編,趙順文譯:《僑匯流通之研究》(臺北市:中華學術院南洋研究所,1984年),頁6-10。

61 南滿洲鐵道株式會社調查部上海事務所調查室編:《華僑調查彙報》,第2、3合輯(1941年5月),頁98;臺灣銀行調查課編,趙順文譯:《僑匯流通之研究》(臺北市:中華學術院南洋研究所,1984年),頁40。

62 福建省檔案館編:《福建華僑檔案史料》(北京市:檔案出版社,1990年),上冊,頁120。

63 臺灣銀行調查課編,趙順文譯:《僑匯流通之研究》(臺北市:中華學術院南洋研究所,1984年),頁40-42。

64 中國銀行泉州分行行史編委會編:《閩南僑批史紀述》(廈門市:廈門大學出版社,1996年),頁175-176。

65 臺灣銀行調查課編,趙順文譯:《僑匯流通之研究》(臺北市:中華學術院南洋研究所,1984年),頁32-3;中國銀行泉州分行行史編委會編:《閩南僑批史紀述》(廈門市:廈

等，以獨資或公司形式經營，後者股東以二至三人為多，四至五人較少。內部組織方面，普遍有「頭家」（即閩南話「經理」之意）一人，落海數人，夥計數人，廚夫一至二人，小顆數人。客棧最少有職員十二至十三名，多者達五十名。廈門客棧設有「公和社」處理各種問題，該社在新加坡、檳城、安南、呂宋各地設有分行，如新客拖欠債務，客棧與客頭可委公和社追收，後者除收取追收實際開支外，另加百分之二手續費。[66]

客棧、客頭及新客是地緣結合體，客棧按新客目的地或客路來源分成若干「幫」，多招待店東之同鄉新客。各客棧界限分明，歸國者既為某客棧之客，其他客棧不敢招待。每有輪船泊岸，各客棧棧夥爭先登輪，壟斷旅客，客棧間為爭取旅客，釀成流血衝突之事司空見慣。客棧亦與地方大姓石潯吳氏聯絡，每間客棧必有一固定船戶替其裝載旅客及行李上落，保證旅客在船上可得到位置和行李安全。[67]一九〇六年廈門共有九十一間招待移民的客棧[68]，後來數目續有增加，茲將各幫客棧數字表列如下：

各幫名稱	1910年代各幫客棧數量	1917年代各幫客棧數量	1935年代各幫客棧數量
南安	41	41	50餘
同安	33	33	30餘
福清	23	22	20餘
安溪	19	19	30餘
晉江	18	18	35
頭北	8	8	0
禾山	9	9	4
漳州	7	7	4

門大學出版社，1996年），頁92。

66 南滿洲鐵道株式會社調查部上海事務所調查室編：《華僑調查彙報》，第2、3合輯（1941年5月），頁96；臺灣銀行調查課編，趙順文譯：《僑匯流通之研究》（臺北市：中華學術院南洋研究所，1984年），頁43。

67 《南鐸日報》，1924年7月30日；《江聲報》，1948年10月15日。

68 日本外務省通商局編：《通商彙纂》（東京都：不二出版，1996年復刻版），冊101，1906年5月號，頁48-50。

各幫名稱	1910年代各幫客棧數量	1917年代各幫客棧數量	1935年代各幫客棧數量
惠安	11	11	25
金門	0	2	3
永春	0	0	11
興化	0	0	26
東山	0	0	6
仙游	0	0	10餘
福州	0	0	10餘
總計	169	170	264以上

一九一〇年代資料出自臺灣銀行調查課編：《僑匯流通之研究》（臺北市：中華學術院南洋研究所，1984年），頁35；一九一七年及一九三五年資料出自南滿洲鐵道株式會社調查部上海事務所調查室編：《華僑調查彙報》，第2、3合輯（1941年5月），頁93-94。

3. 船頭行

船頭行是輪船公司客務與貨運業務的代理商，經營者多屬輪船公司的買辦或其親戚朋友，與船公司存有契約關係。船頭行需向後者繳交保證金，承包該公司客貨服務。船頭行向船公司收取船票價格的百分之五款額為傭金，將船票增收一元至兩元附加費售與客棧及個別旅客。[69]一九三〇年代新加坡實施入境移民配額限制，船票供不應求，「剝蕉番客」成為流行一時的廈門諺語。船頭行與客棧抬高售價謀利，船頭行向輪船公司的船票批發價是六十一元，船頭行賣給客棧的價錢是八十一元，客棧再以一〇一元售予旅客。[70]

4. 輪船公司

外商壟斷廈門航運事業，但因與消費者及市場零售商聯繫極少，必須倚賴華人買辦開闢客源與提供市場資訊。戰前廈門航運業主要操縱在日本大阪公司及「六和船務公司」手中，後者由六間外資輪船公司組成，兩者互相競

---

69 臺灣銀行調查課編，趙順文譯：《僑匯流通之研究》（臺北市：中華學術院南洋研究所，1984年），頁31。

70 《江聲報》，1934年10月4日。

爭。各公司聘有華人買辦招攬客貨業務,買辦向船公司繳納保證金成立買辦
部,具有人事任免權,向船公司收取運費百分之五為傭金(大阪公司為百分
之六),買辦亦有自設「船頭行」作為船公司之總代理。[71]茲將抗戰前夕各公
司經營情況說明如下:

船公司	所屬國家	買辦	船頭行	主要航行地
太古洋行	英國	邱世定	新佃記	海口、海防、香港、新加坡、馬尼拉
渣華公司	荷蘭	吳文屋	合福慶	荷屬東印度、新加坡、檳榔嶼、可倫坡
和記洋行	英國	丁玉樹	謙利	香港、新加坡、仰光
德志利士洋行	英國	陳金榜	榜記行	香港、福州、馬尼拉
和豐公司	英國	林紹裘	和通	香港、新加坡
波寧洋行	挪威	張立本	永福公司	蘭賓、檳榔嶼、新加坡、香港
大阪公司	日本	陳學海	自營	香港、荷屬東印度、臺灣、馬尼拉

資料出自南滿洲鐵道株式會社調查部上海事務所調查室編:《華僑調查彙報》,第2、3合
輯(1941年5月),頁90。

　　輪船公司視旅棧之客為輪船基本搭客,凡是旅棧之客,必聽其自行分配
船上位置,苟散客先下船將其位置占據,一經旅棧之客下輪,聽任船戶驅逐
散客他去。[72]輪船公司偶會充任客棧和船頭行的調停人,如一九三四年兩者因
票額分配及定價標準發生糾紛,六和船務公司召集雙方磋商,要求船頭行售
與客棧船票價格不可超過八十一元,限制客棧賣與乘客不得逾一〇一元。[73]

---

71 南滿洲鐵道株式會社調查部上海事務所調查室編:《華僑調查彙報》,第2、3合輯(1941
　　年5月),頁90-91;劉丕輝:〈操縱廈門航業的「六和船務公司」〉,《廈門文史資料》第
　　11輯(1986年),頁104-108。

72 《江聲報》,1948年10月15日。

73 《江聲報》,1934年10月4日。

網絡內之資金流動

　　大多數閩僑有定期匯款回鄉的需要，致富閩僑亦有「落葉歸根」之傳統思想，將財富匯回故鄉，購買產業或投資以保安享晚年，僑匯遂構成資金流動之主要內容。茲將一九〇五年至一九三八年流入廈門僑匯數額表列如下：

年分	匯款數額	年分	匯款數額
1905	18,900,000	1922	27,900,000
1906	18,300,000	1923	25,700,000
1907	17,600,000	1924	45,900,000
1908	17,800,000	1925	45,000,000
1909	20,000,000	1926	66,000,000
1910	21,600,000	1927	51,800,000
1911	17,800,000	1928	44,800,000
1912	19,100,000	1929	54,200,000
1913	17,600,000	1930	60,000,000
1914	17,200,000	1931	72,000,000
1915	18,500,000	1932	47,800,000
1916	15,000,000	1933	47,900,000
1917	12,800,000	1934	43,300,000
1918	11,800,000	1935	51,230,760
1919	18,900,000	1936	58,355,000
1920	19,200,000	1937	57,116,510
1921	44,000,000	1938	52,929,211

一九〇五年至一九二六年數據出自吳承禧：〈廈門的華僑匯款與金融組織〉，《社會科學雜志》第8卷第2期（1937年6月），頁202；一九二七年至一九三一年數據出自 C. F. Remer, *Foreign Investments in China* (New York: Macmillan, 1933), p. 184；一九三一年至一九三四年數據出自吳承禧：〈最近五年華僑匯款的一個新估計〉，《中山文化教育館季刊》1936年秋季號，頁842；一九三五年至一九三八年數據出自鄭林寬：《福建華僑匯款》（永安市：福建省政府秘書處統計室，1940年），頁32。

　　從上述數字看來，一九〇五年至一九三八年間廈門之僑匯增減約可分成
三個時期：

（一）一九〇五年至一九二〇年

　　此時期廈門僑匯數字除一九〇九年及一九一〇年之數字達兩千萬元外，
其餘年分都徘徊於一千七百萬至一千九百萬間。國內政治動亂未有給僑匯帶
來嚴重波幅，辛亥革命時期僑匯數額並無大幅減少，維持在一千七百萬元以
上；相反歐戰對僑匯影響更大。歐戰時期西方工業國家與東南亞殖民地交通
陷於癱瘓，東南亞生產原料無法輸出歐美市場，造成當地經濟蕭條，銀貴金
賤阻礙新加坡華僑匯款回國，僑匯數字大幅下滑。[74]

（二）一九二一年至一九三一年

　　此時期歐戰結束，歐洲亟待重建，對東南亞生產原料需求方殷，不少僑
商因工業原料價格飛漲頓成鉅富，前往東南亞的移民不斷增加，加上金價高
漲，東南亞貨幣對中國貨幣匯率上升，使僑匯數字穩定增長。[75]此外，戰後荷
屬東印度等地施行排斥華資政策，東南亞華商對前途未敢樂觀，部分僑商挾
鉅資回國定居。二十年代廈門城市建設發展得如火如荼，房地產投資事業獲
利豐厚，僑商紛紛調動資金回國發展，正如一九二三年海關報告指出：「本年
華僑匯款回國，較上年尤多，則以匯價便宜，且本地生活程度增高，在廈購
置產業，利益優厚之故」[76]，使此時期僑匯數額達至抗戰前的最高點。

74 〈中華民國六年廈門口華洋貿易情形論略〉，頁1085。

75 中國銀行廈門市分行行史資料匯編編寫組編：《中國銀行廈門市分行行史資料匯編》，上
　　冊，頁61。

76 〈中華民國十二年廈門口華洋貿易情形論略〉，頁7。

（三）一九三二年至一九三八年

　　此時期東亞南受世界經濟大恐慌影響，地方經濟凋零，大批華僑被遣返回國，加上銀價回漲，僑匯數字大幅下降。[77]但因不少僑商攜資回國定居，故僑匯數字仍然維持可觀數額。

　　廈門網絡既有大量資金流動，自必需要各種金融機關保證資金的正常流動，廈門的金融機關可分成銀行、錢莊及民信局三類。抗戰前馬來西亞每年匯往福建匯款約一五○○○○○元，透過銀行匯款額有八四○○○○元（佔總數56%），透過錢莊數額有四○○○○○元（佔總數26.67%），透過民信局數額有二六○○○○元（佔總數17.33%）。大額僑匯多由銀行及錢莊負責，小額匯款由民信局壟斷。[78]茲將三類金融機關分述如下：

1. 銀行

　　二十世紀初在廈門的外資銀行中，以滙豐銀行及臺灣銀行業務最為興盛。一八六五年滙豐銀行在廈開設代辦處，以德記洋行（Tait and Co.）為代理人，至一八七三年派有職員兩人處理業務[79]，發行少量鈔票，至一八八九年發行額為一一三一二四元[80]，聘有買辦協助業務發展，首任買辦是葉鶴秋，後由其子鴻翔繼任。葉鶴秋曾接受西式教育，說得一口流利英語，擁有兩間錢莊。[81]滙豐銀行壟斷東南亞匯兌，獲利豐厚，亦有吸納定期存款及選擇殷實商

---

77 吳承禧：〈廈門的華僑匯款與金融組織〉，《社會科學雜志》第8卷第2期（1937年6月），頁207。

78 "H. S. Kierkegaard to S. K. Shen, 5th January, 1937," 福建省檔案館檔案，全宗56，案卷1054，p. 1.

79 Frank H. H. King, *The History of the Hongkong and Shanghai Banking Corporation* (Cambridge: Cambridge University Press, 1987), vol. 1, p. 95, p. 501.

80 Frank H. H. King, *The History of the Hongkong and Shanghai Banking Corporation* (Cambridge: Cambridge University Press, 1987), vol. 1, p. 392.

81 Frank H. H. King, *The History of the Hongkong and Shanghai Banking Corporation* (Cambridge: Cambridge University Press, 1987), vol. 1, pp. 516-517.

號放款。臺灣銀行於一九〇一年在廈設立分行,東南亞匯兌業務並不發達,一九一四年廈門地區民族主義高昂,反對臺灣銀行發行紙幣,保障國家利權之呼聲日高[82],二十年代臺灣銀行業務一落千丈,一九二七年宣佈結業。此時外資銀行並未對錢莊及民信局構成威脅。外國銀行於中國及東南亞一帶與華商進行商業往來,普遍使用西方商業慣例,一切支票皆用英文書寫,契約手續也採取歐美方式。閩南商人普遍不諳英語,需通過華人買辦與外國銀行交往,且這些銀行往往有輕視華人的惡習[83],故一般華商寧願委託錢莊或民信局匯兌款項。

三十年代廈門金融業發展特點是銀行日漸增加,一九三六年廈門共有銀行十六家,率以吸納華僑匯款為擴張業務手段,吸收本地資金供上海之用。[84]二十年代初華資銀行開始在東南亞地區直接設立分行經營僑匯業務,為與廈門錢莊、民信局維持業務關係,向兩者存款及購買票據。如一九二四年中國銀行向黃日興、黃建源、捷順、捷記、美源等戶增加存款四萬元,購票五萬元,又向天一信局增存三萬元,購票五萬元。[85]二十年代中期則改與錢莊和民信局合作。中國銀行擴張僑匯業務過程,正好說明銀行業在僑匯流通地位日漸加強。一九二六年中行設立新加坡分行,以吸收僑匯為首要任務。一九三二年十二月中行總經理張嘉璈訂立與廈門批局與商號聯絡的營業方針,指示凡僑眷提取匯款,盡力給予方便,如收款人不願攜帶現款回鄉,可代委批局轉解。[86]後中行與漳州城內的天元錢莊和廈門的瑞記信局訂立協議,由兩號負

82 中國銀行廈門市分行行史資料匯編編委員會編:《中國銀行廈門市分行行史資料匯編》,上冊,頁14、頁59。

83 臺灣銀行調查課編,趙順文譯:《僑匯流通之研究》(臺北市:中華學術院南洋研究所,1984年),頁135。

84 廈門市志編纂委員會、廈門海關志編委會:《近代廈門社會經濟概況》(廈門市:鷺江出版社,1990年),頁411。

85 中國銀行廈門市分行行史資料匯編編委員會編:《中國銀行廈門市分行行史資料匯編》,上冊,頁77。

86 中國銀行行史編輯委員會:《中國銀行行史(1912-1949)》(北京市:中國金融出版社,1995年),頁217-218。

責代辦僑匯，解款費用按匯款額百分之一點二五計算。一九三七年四月中行在福建通匯地點增至三十二個。與此同時，泉州三美及天興信局因股東虧空倒閉，且泉州治安大有改善，中行直接經營泉州內地僑匯業務，招聘三美及天興信局經驗信差，直接將僑匯送到收款人手中。[87]

2. 錢莊

　　廈門錢莊之起源可追溯至清中葉，當時錢莊僅從事兌換業務。十九世紀中葉廈門商業繁盛，錢莊逐漸發展起來，民國初年票號一蹶不振，錢莊步入黃金時期，全市金融命脈盡握於其手，部分錢莊更兼營民信局業務。[88]茲將一九〇八年廈門之二十六間錢莊列舉如下：

店號	國籍	資本主	資本額	經理名字	匯兌交易地
信用銀行	中國	股分組織，林本源家族是最大股東	40萬元	林崇南	上海、香港、臺北、福州
建祥	日本	林本源	20萬元	陳茶、陳有恥	上海、香港、臺北、福州
建興	中國	陳子挺、阮宋	10萬元	吳貽欽	上海、香港、臺北、福州
鴻記	英國	邱平如、江宗亮	10萬元	邱平如	南洋、香港、上海、汕頭、福州
源盛公司	中國	股分組織（本店在香港），總辦為吳理卿。	10萬元	吳玉書	香港、上海、菲律賓

---

87 中國銀行廈門市分行行史資料匯編編委會編：《中國銀行廈門市分行行史資料匯編》，上冊，頁154-156。

88 蔡吉生：〈廈門錢莊業之鳥瞰〉，《商學期刊》第1卷第1期（1937年2月），頁124-125；鄭林寬：《福建華僑匯款》（永安市：福建省政府秘書處統計室，1940年），頁67；吳承禧：〈廈門的華僑匯款與金融組織〉，《社會科學雜志》第8卷第2期（1937年6月），頁224。

店號	國籍	資本主	資本額	經理名字	匯兌交易地
匯源	英國	林本源、邱韞珊	8萬元	邱韞珊	上海、香港、臺北、福州
集記	中國	楊招顧	8萬元	周永和	上海、香港、蘭貢、福州
萬記	英國	林本源、邱有本	6萬元	邱岸	上海、香港、福州、臺北
捷順	中國	葉清池、歐陽鼎隆	6萬元	歐陽鼎隆	香港、上海
德萬昌	英國	曾希齊、曾漢初、曾李圓	6萬元	曾希齊	香港、上海、汕頭、廣東
謙吉	日本	施來、楊幼庭、曾浴沂	6萬元	曾浴沂	香港、上海、福州、汕頭、臺北
啟瑞	日本	洪曉青、洪汝輝	5萬元	洪汝輝	香港、上海、臺北
藏興	中國	洪韞玉、洪慎遠、洪曉青	4萬5千元	洪慎遠	香港、上海、福州
心記	中國	葉心鏡	4萬元	陳水	香港、上海
阜源	日本	鄭香穀	4萬元	鄭鵬雲	香港、上海
建寅福記	中國	陳漢	4萬元	陳顯	香港、上海
泰興	英國	陳子挺、莊文澤、黃廷秋、李長波	4萬元	黃廷秋	香港、上海、寧波、汕頭、福州
建源	日本	黃世金、黃清標、黃傳	4萬元	黃世金	香港、上海、福州
振昌	英國	林本源、邱平如、周天基	4萬元	周天基	南洋、香港、上海、福州
志祥	日本	淩德培	4萬元	淩雨亭	上海、香港、福州

店號	國籍	資本主	資本額	經理名字	匯兌交易地
吉祥	中國	陳玉露、謝馬延、林崇南	4萬元	林崇南	上海、香港、福州
萬利源	英國	陳星耀	4萬元	陳顯	上海、香港、安南、福州
豫豐	中國	陳子汀、廖申發	2萬元	吳漢	香港、上海
匯泉	西班牙	吳志賢、周火	2萬元	周火	香港、上海、福州
公昌	中國	葉岳青、洪萬武、吳榮標	2萬元	葉嶽青	香港、上海、福州
協裕	中國	郭本日	1萬元	陳昆派	上海、香港、臺南

資料出自日本外務省通商局編：《通商彙纂》（東京都：不二出版，1996年復刻版），冊129，1908年11月號，頁66-67。

　　廈門錢莊多是合夥經營，大權操於經理，下設跑街、管櫃、會計、夥計、學徒等職位。[89]一九一二年廈門有錢莊二十四家，其中七家擁有資本十萬元以上，其餘各有資產二至五萬元[90]，一九一四年數目大致相若，其中二十家兼營匯兌，也是錢莊主要利源。錢莊與廈門商界關係密切，疋頭業與錢莊往來每在百萬元以上，茶商每年一、二月間常向錢莊借二、三十萬元，紙箔業亦常有二、三百萬元之往來。[91]錢莊經常參與投機活動，故起落迅速，茲將一九二六年至一九三六年間廈門錢莊家數表列如下：

---

89 吳承禧：〈廈門的華僑匯款與金融組織〉，《社會科學雜志》第8卷第2期（1937年6月），頁231。

90 廈門海關檔案室編：《廈門海關歷史檔案選編（1911年-1949年）》（廈門市：廈門大學出版社，1997年），第1輯，頁3-4。

91 吳承禧：〈廈門的華僑匯款與金融組織〉，《社會科學雜志》第8卷第2期（1937年6月），頁226；中國銀行廈門市分行行史資料匯編編寫組編：《中國銀行廈門市分行行史資料匯編》，上冊，頁85。

年分	年初上市家數	當年收歇家數	當年新設家數
1926	52	1	8
1927	59	3	13
1928	69	5	5
1929	69	8	6
1930	67	3	9
1931	73	14	22
1932	81	0	6
1933	87	20	3
1934	70	23	2
1935	49	9	1
1936	41	6	0

資料出自吳承禧:〈廈門的華僑匯款與金融組織〉,《社會科學雜誌》第8卷第2期（1937年6月）,頁225。

　　一九三一年以後錢莊日漸衰微,原因有二:一為錢莊把大部分資金投到房地產事業上,全廈錢業在繁榮時期對於地產投資最少有四千萬之鉅,地價暴跌令不少錢莊為之破產。[92]二是銀行的競爭使錢莊失去大量存款,存款總額從一九三一年的五千六百萬元跌至一九三六年的一千兩百萬元,匯兌業務亦一落千丈,不少錢莊經營者收盤結業,或停止放款,錢莊被時代所淘汰亦為時不遠了。[93]

3. 民信局

　　民信局亦稱「批郊」、「批局」及「銀信局」,「批郊」是廈門方言「信商」

---

92 吳承禧:〈廈門的華僑匯款與金融組織〉,《社會科學雜誌》第8卷第2期（1937年6月）,頁229。

93 吳承禧:〈廈門的華僑匯款與金融組織〉,《社會科學雜誌》第8卷第2期（1937年6月）,頁228、頁231。

的意思[94]，其起源約始於清中葉。閩僑按時匯款回國贍養父母妻兒，委託回國的親族同鄉將匯款帶返家鄉。有人認為有利可圖，便以替僑胞帶匯款為職業，向匯款人收取手續費，歸國時夾帶東南亞土產品回國銷售。出國時把家屬回信帶回，把國內物產帶返東南亞發賣。此輩專業送信人被稱為「水客」或「南洋客」。後來華僑匯款日多，民信局乘時而興。早期民信局多是大商號的副業，抗戰前閩南各地民信局多半由商店附設代理，甚至沒有專門牌號，「水客」因金融周轉及信用不及民信局而被淘汰，部分則轉業改營民信局。

東南亞民信局倚靠鄉誼、送款快捷和降低匯水等手段招徠客戶。[95]民信局對新客熱情款待，把他們本人及家屬資料登記，將每人編列一個號碼，照抄副本送交廈門聯號民信局備查。新客匯款回國時，批信上只寫上登記號碼及家屬姓名，寄到廈門聯號，翻查登記副本，填妥家屬住址，派信差連同匯款送交收款人，當面索取回信，稱為「回批」。[96]信差多有當地鄉長或店鋪作保，收款人收到匯款或請求信差代書回信，多給他們一、二角作打賞，月入有數十元，鄉人亦多供應酒食款待，信差侵吞信款情況絕少。[97]三十年代閩南內地治安不靖，若收款人住在距離分行三十里以外地區，信差僅向收款人發出「批信」，由收款人逕向民信局分行或代理領取現金，部分廈門民信局亦有發行紙幣使用。[98]廈門民信局結構精簡，執事人員計有四種：

1. 經理一人，總攬局務並與銀錢業交往。
2. 管櫃一人，專司出納及會計。
3. 跑街一人，專司帶送信件或信款事務。
4. 夥友及學徒數人，分掌登記信件數目及其他事宜。[99]

---

94 樓祖詒編：《中國郵驛史料》（北京市：人民郵電出版社，1958年），頁58。

95 鄭林寬：《福建華僑匯款》（永安市：福建省政府秘書處統計室，1940年），頁67。

96 樓祖詒編：《中國郵驛史料》（北京市：人民郵電出版社，1958年），頁58。

97 中國銀行廈門市分行行史資料匯編編寫組編：《中國銀行廈門市分行行史資料匯編》，上冊，頁154-155。

98 "H. S. Kierkegaard to S. K. Shen, 5th January, 1937," p. 2；福建省錢幣學會編：《福建貨幣史略》（北京市：中華書局，2001年），頁205。

99 吳承禧：〈廈門的華僑匯款與金融組織〉，《社會科學雜志》第8卷第2期（1937年6月），頁219。

　　抗戰前民信局獲利途徑主要有二：一是賺取匯率差價，批款收入外幣時折算成中國貨幣，折算率往往有利於民信局，後者因兌換差價所得收益遠較手續費為大，故客戶匯款時所附寄信件，郵資由民信局支付，部分民信局為爭取客戶，甚至不收取匯款人手續費。[100]二是利用匯款進行投資，信局匯款並非逐筆匯寄，多等候匯集大宗數目方交由銀行整匯，或者用匯款購買商品運回廈門銷售，將所得款項交給收款人，賺取貨價差額。[101]

　　一八九六年清廷規定民信局須把郵件封成總包，經郵局轉交輪船運送，通商口岸的民信局應向郵局登記，領取執據。[102]一九三四年郵政局鑑於民信局走私風氣甚熾，原擬全部取締，因各方激烈反對未果，遂准原有民信局繼續營業，每年換領執照，停止發放新執照。此後凡廈門新經營民信局者，非承頂執照無法開業。[103]民信局能夠保持歷久不衰，原因有四：其一是藉同鄉關係吸納客戶。民信局每月一次或數次派人到華僑聚集處收攬匯款，替客戶代繕家書，倘移民欠缺現款，信局收取利息代其墊匯。[104]其二是服務網絡深入福建內陸偏遠地區。如新加坡閩僑匯款目的多是晉江、南安、安溪、惠安、金門、龍溪、福清、莆田八縣。信局在八縣中寄遞地點達一九九個，其中僅有二十一個地點可經郵局寄達。其三是提供小額匯款服務。民信局每宗業務匯款額從兩元至數百元不等，通常以二十元至三十元數量最多[105]，滿足華僑小額匯款需要。其四是營業手法繼承清代漳泉海商小本經營及靈活多變的特點，保持市場競爭力。民信局資本有限，像天一信局般的大規模民信局為數極少。「聯號」合營成為民信局生存的手段。[106]一九三〇年代東南亞約有民信

100　鄭林寬：《福建華僑匯款》（永安市：福建省政府秘書處統計室，1940年），頁67。

101　樓祖詒編：《中國郵驛史料》（北京市：人民郵電出版社，1958年），頁58。

102　張翊：《中華郵政史》（臺北市：東大圖書股分公司，1996年），頁251。

103　中國銀行廈門市分行行史資料匯編編寫組編：《中國銀行廈門市分行行史資料匯編》，上冊，頁160。

104　樓祖詒編：《中國郵驛史料》（北京市：人民郵電出版社，1958年），頁58。

105　"H. S. Kierkegaard to S. K. Shen, 5th January, 1937," pp. 1-2.

106　天一信局全盛時期計有總分局三十三個，其中中國內九個，國外二十四個，僱用職員五百五十六人，國內一百六十三人，國外三百九十三，每年收匯一千萬至一千五百萬銀

局三百餘家，委託廈門約六十餘家民信局轉交解付，由廈門民信局再委內地民信局送到收款人手上。[107]聯號運作模式令民信局能靈活調配資源，免除在外地開設分局的龐大營運成本。又民信局經營者多兼營出入口貿易，利用匯款進行商品投機，賺取最大利潤。[108]

網絡內之物資流動

廈門為一對外貿易港，每年有大批貨物進出廈港，故物資流動亦構成網絡另一重要內容。茲將一九〇三年至一九三六年間廈門海關貿易總額表列如下（以千元為單位）：

年分	貿易總值	進口			出口			入超
		外國	本國	進口總額	外國	本國	出口總額	
1903	26547	13818	8703	22521	3172	854	4026	18495
1904	26925	15527	7198	22725	3402	798	4200	18525
1905	29200	14600	9836	24436	3688	1076	4764	19672
1906	27159	14617	8505	23122	3208	757	4037	19085
1907	27652	17507	5737	23244	3419	989	4408	18836
1908	29537	15789	9485	25274	3090	1173	4263	21011
1909	31370	15485	11760	27245	4062	63	4125	23120
1910	35215	20264	9902	30166	4377	672	5049	25117

元；又一九五一年廈門有民信局機構六十四家，國內聯號八十三家，境外聯號兩百五十家，見中國銀行泉州分行行史編委會編：《閩南僑批史紀述》（廈門市：廈門大學出版社，1996年），頁36、頁176。

107 中國銀行廈門市分行行史資料匯編編寫組編：《中國銀行廈門市分行行史資料匯編》，上冊，頁158。

108 如一九三六年廈門約有十至二十家民信局兼營紙箔、粉絲、佈疋及其他雜貨出口生意，見吳承禧：〈廈門的華僑匯款與金融組織〉，《社會科學雜志》第8卷第2期（1937年6月），頁224。

年分	貿易總值	進口			出口			入超
		外國	本國	進口總額	外國	本國	出口總額	
1911	31883	18765	7277	26042	4448	1393	5841	20201
1912	32608	18363	8991	27354	3942	1312	5254	22100
1913	31287	16514	9488	26002	3947	1338	5285	20717
1914	28975	14755	9789	24544	3383	1048	4431	20113
1915	31542	13835	12675	26510	3875	1157	5032	21478
1916	27195	12693	9588	22281	3846	1068	4914	17367
1917	22862	12339	6584	18923	2872	1067	3939	14984
1918	21945	11765	6277	18042	3001	902	3903	14139
1919	31880	14927	12390	27317	2849	1714	4563	22754
1920	35978	15522	13782	29304	3858	2816	6674	22630
1921	50965	23215	18581	41796	4924	4345	9169	32627
1922	50236	23474	17957	41431	5011	3794	8805	32626
1923	47883	21253	18012	39265	5567	3051	8618	30647
1924	55595	23741	16748	40489	6336	8770	15106	25383
1925	55984	25003	15815	40818	7259	7907	15166	25652
1926	64641	28575	23209	51784	8072	4785	12857	38927
1927	70441	31680	25794	57474	7411	5556	12967	44507
1928	62230	28079	23947	52026	5760	4444	10204	41822
1929	59622	29288	20151	49439	6091	4092	10183	39256
1930	72437	35948	25067	61015	5596	5826	11422	49593
1931	84505	41860	34021	75881	4759	3865	8624	67257
1932	73536	37847	29543	67390	3419	2727	6146	61244
1933	66504	32984	27675	60659	3372	2473	5845	54814
1934	44307	16346	21070	37416	3536	3355	6891	30525

年分	貿易總值	進口			出口			入超
		外國	本國	進口總額	外國	本國	出口總額	
1935	42322	14837	20905	35742	3677	2903	6580	29162
1936	40197	13299	19113	32412	4002	3783	7785	24627

資料出自福建省政府秘書處統計室編：《福建省統計年鑑・第一回》（福州市：福建省政府秘書處公報室，1937年），頁815。

　　從上表中我們可以發現廈門對外貿易依然沿襲十九世紀末的趨向，長期處於入超狀態。廈門地區輸入鉅量外國貨品的其中一個原因是當地住有大量歸國華僑，他們生活方式西化，擁有較大消費力，造成大量外國商品輸入廈門。[109]且廈門內陸腹地狹小，更與福州、九江、汕頭等通商口岸腹地重疊，如汀州一帶進出貨品可由汕頭往來運輸，閩西一帶出入貨品亦由福州、九江販運。[110]二十世紀初閩南的土貨出口和臺灣的轉口貿易日漸衰退，糖茶出口輸出在二十世紀初葉大幅衰落，一八七九年廈門有六四〇〇〇擔茶葉運出境外，一九〇七年僅得五一九〇擔。糖類輸出亦然，一八八〇年糖類輸出額是三〇〇〇六三擔，一九〇七年僅得七九三七九擔。[111]廈門之臺灣茶葉轉口港地位亦被基隆取代。一九〇六年臺灣烏龍茶出口約有百分之五十二經基隆外運，廈門之比例僅得百分之四十八，次年臺灣茶葉經廈門出口的比例更下跌至百分之八點三。[112]廈門可供出口貨品有限，無法抵消龐大進口貨值，貿易

---

109 "Amoy Trade Report for the Year 1904," China Maritime Customs, *China Maritime Customs Publications* (Shanghai: Statistical Department of the Inspector of Customs, 1861-1948), reel 35, p. 648.

110 〈中華民國十一年廈門口華洋貿易情形論略〉，頁15。

111 廈門市志編纂委員會、廈門海關志編委會：《近代廈門社會經濟概況》（廈門市：鷺江出版社，1990年），頁228；"Amoy Trade Report for the Year 1907", China Maritime Customs, *China Maritime Customs Publications* (Shanghai: Statistical Department of the Inspector of Customs, 1861-1948), p. 453.

112 "Amoy Trade Report for the Year 1906," China Maritime Customs, *China Maritime Customs Publications* (Shanghai: Statistical Department of the Inspector of Customs, 1861-1948), p. 368; "Amoy Trade Report for the Year 1907", China Maritime Customs,

入超賴華僑匯款彌補，此點已屢為史家談及。然出入口貨額與僑匯升降之關係卻被忽略，試看下圖：

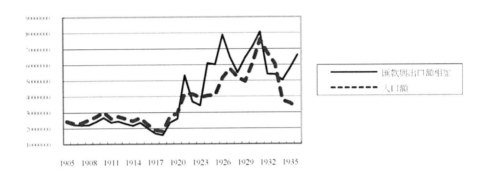

1905 1908 1911 1914 1917 1920 1923 1926 1929 1932 1935

匯款出口額總和與入口額比較圖

一九〇五年至一九三二年間匯款數字與進口額同樣呈現上升趨向，匯款上升進口額按相近比例增加，匯款下跌則進口額下跌速度較前者為小。原因有二：一是匯款上升增加閩南市場購買進口貨品能力；二是部分匯款並非以貨幣形式直接輸入廈門，而是以進口貨替代，兼營出入口業的民信局及錢莊利用匯款或匯票購入進口貨到廈發賣，收得貨款後解付收款人[113]，是故匯款增加，進口額同樣上升。一九三三年以後廈門金融體系出現改變，大量僑匯被抽離廈門經濟體系外，商家無法利用僑匯購買進口貨品，加上一九三五年起泉州與上海間有輪船通航，上海貨品可直接運抵泉州[114]，故匯款額雖在一九三五年至一九三六年間有所回升，進口額依然持續下跌。僑匯上升與出口額增加亦有關係，僑匯上升往往標志著銀價下跌，有利閩南土貨出口，商人

China Maritime Customs Publications (Shanghai: Statistical Department of the Inspector of Customs, 1861-1948), p. 441.

113 如永春信局多兼營棉佈雜貨店，常從上海、廈門、泉州等地批發貨物來永春轉銷內地各縣，周轉後解付收款人，見中國銀行泉州分行行史編委會編：《閩南僑批史紀述》（廈門市：廈門大學出版社，1996年），頁96。

114 〈廈門經濟蕭條的原因（1936年5月）〉，載廈門市檔案局、廈門市檔案館編：《近代廈門經濟檔案資料》（廈門市：廈門大學出版社，1997年），頁652。

亦可利用僑匯周轉，承辦更多土貨出口，然因閩南缺乏出口工業國家之大宗
商品，僅局限於東南亞華僑消費市場，未能打破對外貿易長期入超的困境。

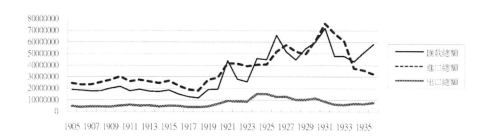

廈門歷年匯款、進口額與入口額比較圖

　　從上圖我們可發現到匯款與出口額相加數字大致能彌補廈門之入超貨
額。一九〇五年至一九二〇年間入口額輕微超過匯款與出口相加數額，但若
再加上廈門出入境旅客所帶來之無形收益，則絕對可抵消入超數。以一九二
〇年為例，該年匯款一九二〇〇〇〇〇元，出口額六六七四〇〇〇元，入口
額二九三〇四〇〇〇元，入超額三四三〇〇〇〇元，是年約有三十萬名閩南
旅客從內地各處抵達廈門，保守估計每人在廈消費額為五元，廈門可得一百
五十萬元收入。該年從臺灣、沿海通商口岸、香港、新加坡，及小呂宋等地
到廈門的出入境旅客約十六萬人，假設每人在廈消費二十元，則廈門可得三
百二十萬元收入，兩數相加共四百七十萬元，遠足以抵消入超有餘。一九二
四年至一九三一年間匯款與出口額相加數字遠高於入口數字，期間廈門市況
異常繁榮，地產業務蓬勃，市政建設急速進行，故一九〇五年至一九三一年
匯款與出口額相加數字與入口數差額多寡，實可視為廈門經濟繁榮程度的指
標。一九三二年後情況出現改變，大量僑匯流向上海，商界無法運用僑匯進
行商業活動，加上臺廈走私貿易猖獗，入超額肯定遠較海關數字為高，未能
完全反映廈門市況。

就貿易國別來看，茲將一九三五年及一九三六年之數據表列如下：

國別	1935年			1936年		
	入口	出口	出超或入超	入口	出口	出超或入超
日本	2,159,163	6,006	−2,153,157	2,196,111	29,284	−2,166,827
香港	1,438,673	210,921	−1,227,752	1,724,688	354,406	−1,370,282
美國	947,525	125	−947,400	655,283	462	−654,821
英國	1,102,405	812	−1,101,593	551,366	1,477	−549,889
德國	1,020,868	0	−1,020,868	2,704,738	0	−2,704,738
荷屬東印度	1,155,476	466,882	−688,594	2,090,060	477,331	−1,612,729
臺灣	1,276,813	80,424	−1,196,389	1,011,347	191,403	−819,944
菲律賓	174,203	716,123	541,920	126,309	439,812	313,503
新加坡	263,458	2,004,969	1,741,511	233,563	2,296,712	2,063,149
暹羅	1,695,007	8	−1,694,999	457,990	53	-457,937
緬甸	1,856,588	185,986	−1,670,602	116,611	207,355	90,744
關東租借地	820,545	0	−820,545	393,577	492	−393,085
荷蘭	238,975	294	−238,681	118,660	211	−118,449
加拿大	31,715	0	−31,715	103,963	382	−103,581
其他各國	655,153	3,966	−651,187	814,969	2,435	−812,534
總計	14,836,567	3,676,516	−11,160,051	13,299,235	4,001,815	−9,297,420

資料出自福建省政府秘書處統計室編：《福建省統計年鑑・第一回》，頁831-832。

上述數字並不能完全反映臺廈間之貿易總值，蓋因三十年代臺廈走私活動猖獗，吳承禧估計一九三五年走私貿易額為一五二七〇〇〇〇元，故臺灣

實際上是廈門第一大貿易夥伴。[115]民國時期輸入廈門之貨品以食糧和棉佈為最大宗，出口商品多是供應華僑需求的產品[116]，輸出貨品以茶、紙、木材和糖類為最大宗。廈門與東南亞以外國家之貿易俱呈入超狀態。如新加坡係中國對東南亞土貨輸出的集散地，大量廈門的出口土貨經新加坡轉運至東南亞其他地區，故廈門對新加坡貿易呈現出超狀態。二十世紀初廈門民間多次推行抵制外貨運動，然效果非常短暫。一九〇五年廈門爆發抵制美貨運動，惟美貨輸入未有受到太大影響，西洋參、煤油、麵粉輸入額與一九〇四年相近，只有香菸等少量貨品銷量下跌，但海關認為這是日貨競爭所致，並非抵制運動之結果。[117]歐戰時期是日貨及上海貨品代替西方貨品大量輸入廈門的重要時期，斯時西方貨品因運費高昂減少入口，由日貨輸入取代，與中國本土產品爭奪廈門市場，日貨因日幣貶值取得優勢，一九一七年火柴輸入量增加百分之四十，中國商人亦因販賣日本麵粉較能謀利而大量輸入。[118]一九一九年廈門抵制日貨運動如火如荼，日貨輸入量下降，然次年事過境遷，日製火柴入口復增，蓋因其為生活之必需品，暫無其他同類產品可以替代。此外一九二〇年上海製造之棉紗輸入較去年增加一倍[119]，一九二二年銀價下跌，中國機製各式布疋相應便宜，國產布疋與棉紗輸入大增，形成與日貨爭奪廈門市場之局面。[120]

---

115 吳承禧：〈廈門的華僑匯款與金融組織〉，《社會科學雜志》第8卷第2期（1937年6月），頁199-200。

116 廈門市志編纂委員會、廈門海關志編委會：《近代廈門社會經濟概況》（廈門市：鷺江出版社，1990年），頁387。

117 "Amoy Trade Report for the Year 1905", China Maritime Customs, *China Maritime Customs Publications* (Shanghai: Statistical Department of the Inspector of Customs, 1861-1948), p.373.

118 〈中華民國六年廈門口華洋貿易情形論略〉，頁1086。

119 〈中華民國九年廈門口華洋貿易情形論略〉，頁20-21。

120 〈中華民國十一年廈門口華洋貿易情形論略〉，頁18。

結語

近代廈門網絡內之「人、財、物」三種關係，可以圖表說明如下：

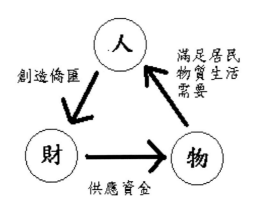

近代廈門網絡猶如一個有機的生命體，網絡內各種機制猶如血管，從閩省各地吸收人力資源輸送到東南亞，換取各種養分（僑匯和物資）滋潤中樞地廈門，一旦養分輸送發生問題，網絡將會因養分不足而喪失生命力。三十年代中期廈門人力輸出網絡已發生轉變，斯時東南亞限制新客入境，部分客頭貪圖厚利，串通船戶及船上職員，欺騙後者冒充水手、匿藏貨艙或憑偽造證件，若新客被外地海關官員查出，客頭得置身事外，既破壞客頭與新客的互信關係，復使國家不得不訂立更多法例限制移民活動。[121]八年抗戰後網絡生態環境變化更大，網絡內部機制出現結構性變遷。戰後金融變動無常，客棧已不能先放款而獲利收回，東南亞各國政府限制華僑入境，僑客來往稀疏，客棧業務大不如前。[122]僑匯方面，戰後各國實施外匯管制，如一九五〇年菲律賓規定每人只准匯美金二十元或五十元，申請手續異常繁複，英屬馬來亞只准華僑每月匯叻幣兩百五十元，並逐年遞減限額，印尼更完全禁止僑匯。

121　《廈門市政府公報》，廈門市圖書館藏本，第18期（1936年10月），頁5。
122　〈1948年廈門市各業商況調查〉，載廈門市檔案局、廈門市檔案館編：《近代廈門經濟檔案資料》（廈門市：廈門大學出版社，1997年），頁148。

民信局經營者運用各種走私、瞞報出口貨價等手法艱苦經營[123]，隨著五十年代西方列強對中國實行全面禁運，海外大部分民信局難逃倒閉厄運，小部分轉入地下活動。同時中華人民共和國政府禁止廈門移民出境，廈門亦因國共對峙長期處於緊張局勢，由是廈門網絡失去養分而枯萎。[124]

123 廈門市僑批業同業公會籌備委員會：《廈門市僑批業關於僑匯的報告和意見》（廈門市：編者自印，1950），頁1-2。

124 一九五二年三月至一九七九年間廈門並無旅客進出境的記錄，見中華人民共和國廈門海關編：《廈門海關志（1684-1989）》，頁158。

第五章
近代廈門商人的特點

　　閩商是中國海洋文化的產物，在近世全球化商貿活動及福建人民航海傳統的背景下，福建人民憑著善於把握時機、勇於拚搏，與不畏艱辛的創業精神，締造出輝煌的商業帝國。作為閩商的後起之秀，廈門商人既擁有閩商克勤克儉、勇於創業、心懷鄉梓的優良特質。自古以來，海洋哺育廈門城市經濟的成長。明人何喬遠：《嘉禾惠民碑》謂：「嘉禾為嶼，山斷而海為之襟帶，自國朝（指明代）以來，徙丁壯實尺籍，長育子孫。今冠帶邵右往往輩出，生齒若一縣。其地上磽下鹵，率不可田，即田，不足食民三之一，則土人出船貿粟海上，至下廣而上及浙，蓋船以三百餘」。[1]「出洋貿粟海上」，正是廈門地區的經濟命脈。同治《福建通志》謂：「兩府（漳州、泉州）人民原有三等，上等者以販洋為事業，下等者以出海、探捕、駕船、挑腳為生計，惟中等者力農度日」。[2]廈門優良的港口，為廈門在大航海時代的崛興提供條件，一九四九年以前廈門舊城區即圍繞著碼頭建立起來。由於廈門具有港口城市的特點，《廈門志》謂當地「服賈者以販海為利藪，視汪洋巨浸如衽席」[3]，廈門商人的商業活動與海洋的關係，較其他內地閩商集團更形密切，「以港興商」正是廈門商業發展的主要動力。媽祖是閩省從事海上活動商民的神祇，十九世紀初，廈門已有二十六所天后宮。長久以來，廈門商業即以航運業、出入口貿易為核心，帶動本地金融、服務、百貨各產業的繁榮。

1　何丙仲編：《廈門碑志彙編》（北京市：中國廣播出版社，2004年），頁22。
2　松浦章著、鄭潔西等譯：《明清時代東亞海域的文化交流》（南京市：江蘇人民出版社，2009年）。
3　周凱：《廈門志》（廈門市：鷺江出版社，廈門市地方志編纂委員會辦公室1996年整理本），頁512。

有容乃大的商業群體

　　作為一個崛興於明清時代的新興移民城市，廈門的商業文化擁有「百川匯海，有容乃大」的特點，清代「廈門土、木、金、銀、銅、鐵諸工率自外來，船工大盛，安其業者，多移居焉」。[4]各地閩商雲集廈門，攜手創造出廈門的經濟繁榮，這些新移民將自身的地域文化與營商方法帶到廈門，也造就廈門商人的多元化性格。廈門優越的營商環境，也給予來自各地從商的移民、外國商人、華僑商人與臺灣商人帶來成功的機會。廈門同英佈店的創辦人卓同福祖籍福建南安，遷居漳州以擺攤販賣蘇廣雜貨為業，最初與友人合夥開店，後自營同英雜貨店。由於近代廈門商業發達，吸引了不少外商來廈。據一九三〇年的外國人職業統計表所載，經商的在職人口有六十五人，占全廈在職外國人口總數的百分之五十七點三。[5]閩臺兩地具有深厚的歷史淵源。近代不少臺灣商人亦移民到廈門發展。一八九五年日本割占臺灣後，不少富商為避免財產、性命被日人侵害，紛紛避居廈門，如林爾嘉於日本據臺前即逃至廈門，在鼓浪嶼修築菽莊花園定居。其後續有臺商定居廈門，除經營工廠外，亦有從日本、臺灣進口佈料、海產、食品用料、雜貨等來廈售賣。[6]不少歸國華僑也以廈門為踏腳石，開展個人事業。著名印尼華僑商人黃奕住於一九一九年回廈門定居，開設黃日興銀莊、中興銀行廈門分行、中南銀行廈門分行、日興商行廈門分行，並創辦廈門自來水公司，大量投資廈門與鼓浪嶼的房地產業，為廈門城市的現代化奠定基礎；又投資投資潮汕鐵路與續辦漳廈鐵路，可惜因抗戰爆發而失敗。[7]菲律賓華僑鉅富李清泉早年求學於廈門同文書院，一九二〇年代末，李氏家族大舉投資廈門房地產業，估計從一九二

4　周凱：《廈門志》（廈門市：鷺江出版社，廈門市地方志編纂委員會辦公室1996年整理本），頁512。

5　廈門市檔案局等：《近代廈門涉外檔案史料》（廈門市：廈門大學出版社，1997年），頁117。

6　卞鳳奎：《日據時期臺灣籍民在大陸及東南亞活動之研究（1895-1945）》（合肥市：黃山書社，2006年），頁123。

7　趙德馨：《黃奕住傳》（長沙市：湖南人民出版社，1998年），頁108、164-176。

七年至一九二九年間，李氏家族投資廈門房地產總額達兩百二十萬元。近代
廈門的商業，便是在來自各地的閩商、外商、華僑商人，以及臺商的努力奮
鬥下繁榮起來。

艱苦奮鬥的創業精神

　　傳統中國儒家理念向來強調「四民社會」的社會分工原則，加上歷代政
府所實施的抑商政策的影響，商人重利的特質被保守人士視為有違於儒家重
義的原則，故商人被列為四民之末。傳統社會一般高門大族，多不會鼓勵子
弟從弟，故不少廈門商人除出身自商業世家外，往往出身自社會低下階層，
憑著機遇與自身實力努力上進，最後取得成功。類此的例子比比皆是。清代
廣州十三行同文行的創辦人潘啟便是其中一人。據潘氏的族譜所載，潘啟家
族的遠祖潘節，原為河南省光州固始人，隨陳元光入閩，定居漳州龍溪鄉，
後來潘啟的先祖遷居同安縣積善里明盛鄉白昆陽堡棲柵社。據其族譜謂潘
啟：「家貧好義，由閩到粵，往呂宋國貿易，往返三次，夷語深通，遂寄居廣
東省，在陳姓洋行中經理事務」。其後陳氏退休，潘氏開設同文洋行，「『同』
者，取本縣同安之義；『文』者，取本山文圃之意，示不忘本」。[8]近代廈門工
商實業家黃㟴金（即黃慶元）出身於貧苦家庭，父親黃傳昌以賣地瓜為生，
黃世金早年接受私塾教育，後來到學校念書，十六歲時在廈門富商黃書傳的
仁記洋行擔任夥計。黃氏勤奮好學，為人誠實，深得黃書傳的器重，資助他
創辦建源錢莊。隨後黃氏陸續創立了建記行等商號，入股大同罐頭食品公司，
投資範圍不斷擴大，參與廈門商務總會的公益事業，成為廈門的著名商人。[9]
永康成百貨商場的創辦人杜池榕與杜池桂兄弟出生於龍岩蘇溪村，幼時父母
雙亡，賴長姐撫養成人，杜池榕少時曾當學徒，為他以後獨立經營取得豐富
經驗。一九二〇年代他與兄長杜池竹在龍岩開設百貨商店。其弟杜池桂（又

8　潘剛兒、黃啟臣等編：《廣州十三行之一：潘同文（孚）行》（長沙市：華南理工大學出
　　版社，2006年），頁1-2。

9　洪卜仁主編：《黃世金生平事略》（廈門市：廈門大學出版社，2010年），頁45。

名杜仲）在廈門南泰成任高級店員，因熟悉市場情況產銷門路，杜仲遂在廈門開設永康成，經營百貨佈匹，實行明碼實價，甚至標明「若同樣貨品價高於同業者，允許退貨還款」，以此招徠生意。杜池榕於一九二九年來廈，分管店務。杜氏兄弟每到一埠，都虛心學習當地方言，能操上海話、廣東話、福州話、客家話等方言，大大有利於開拓客源。由於兄弟團結一致，業務蒸蒸日上。其後杜池榕更利用廈門永康成的資金，再向華僑集資，在泉州中山中路開設永康成分店，並獨資在鼓浪嶼開設永可成分店。[10]這些出身白手興家的成功商人，瞭解到錢財得來不易，應用於有利事業發展的地方或回饋社會，故日常生活自奉儉樸，對宴請客人及捐助社會公益事業卻絕不吝嗇。「島中風俗，好義者多，凡遇義舉、公事，眾力易擎」[11]，正是廈門商人樂善好施的表現。華僑旗幟陳嘉庚的毀家興學，廈門總商會在晚清民國時期的公益事業，在在顯示出廈門商人取諸社會，用諸社會的服務精神。

合夥制的形成

廈門商人性格的塑造，與其身處之自然環境關係密切。廈門商人經營的業務，絕大多數均與海洋有關。海上貿易雖然能夠獲取巨大利潤，但仍然具有相當風險。清代廈門商人「北至寧波、上海、天津、錦州；南至粵東；對渡臺灣。一歲往來數次。外至呂宋、蘇祿實力、噶喇巴，冬去夏回，一年一次。初則獲利數倍至數十倍不等。故有傾產造船者。然驟富驟貧，容易起落」。[12]為了分擔風險，不少廈門海商採用分散投資與合夥制度的形式從事海上貿易。道光《廈門志》謂：「合數人開一店鋪或製造一舶，則姓金。金猶合

---

10 黃奕川：《杜池榕與泉州永康成》，《泉州工商史料》第5輯（1985年），頁10-12。

11 周凱：《廈門志》（廈門市：鷺江出版社，廈門市地方志編纂委員會辦公室1996年整理本），頁514。

12 周凱：《廈門志》（廈門市：鷺江出版社，廈門市地方志編纂委員會辦公室1996年整理本），頁512。

也。惟廈門、臺灣亦然」。[13]此外，「金」也是清代途郊組織的代稱，如雜貨業的途郊組織稱為「金廣安」，藥郊稱為「金和安」。

就近年廈門地區出土的碑刻來看，明代的碑刻未有發現載有以「金」為號的商號名稱，最早載有以「金」為號的商號為立於乾隆四十五年的《重修洪本部渡頭碑記》，該碑所羅捐款者除官員外，計有恆茂棧、金恆勝、金大茂、金恆吉、XX興、金XX、金X裕、瑞祿號、王德X、金尚德、金恆X。[14]立於乾隆五十年的《重修鼓浪嶼三和宮口橋碑記》，列出金源遠、金彰德、金恆發、金和利、金長發、金隆盛、金恆勝、金義豐、金恆茂、金征遠、金合順。[15]至於立於乾隆五十九年的重修打鐵路頭碑記，則為我們考察以「金」為號的商號的特點提供了一點線索。該碑文把捐款者分為「業主捐題」與「捐題各花名」兩類。「捐題各花名」部分提及「提荖鋪公捐銀肆拾貳元半」，提荖鋪極可能是賣檳榔的小店。「業主捐題」部分中，未有列出以「金」為命名的名字。反之在「捐題各花名」部分，則列有金天德、金同興、金聯豐、金萬盛、金祥茂、金同勝、金合豐、金恆瑞、金瑞茂、金益興、金達源、金德安、金錦豐、金德合、金長源、金同美、金擇源、金聚源、金成源、金合發、金恆聚、金和利、金芳茂、金發興、金苞山、金維新、金承吉、金虎號、金源號、金恆源、金怡和。可以推測的是，絕大多數列於碑上以「金」為號的商號，多是位於打鐵路頭的柑戶。[16]

有關清初廈門商人合夥制度的具體內容，因史料匱乏而未能深究。但我們尚能從部分晚清時期遺留下來的文書契約，略窺廈門商人合夥制之特點。

《閩南契約文書綜錄》載有同治年間廈門商人合夥契約文書四分。第一分謂同治三年（1864）泉州城登賢鋪黃詩記、黃書記，廈門火燒街聯美號、內柴市街黃潛記、雙連池吳安記合股於廈門火燒街開設聯昌號豐記，前往廣

---

13 周凱：《廈門志》（廈門市：鷺江出版社，廈門市地方志編纂委員會辦公室1996年整理本），頁515。
14 何丙仲編：《廈門碑志彙編》（北京市：中國廣播出版社，2004年），頁89。
15 何丙仲編：《廈門碑志彙編》（北京市：中國廣播出版社，2004年），頁81。
16 何丙仲編：《廈門碑志彙編》（北京市：中國廣播出版社，2004年），頁91-92。

東、香港等處置辦洋貨，來廈銷售，由黃青龍等負責經理，股分計有三十股，分配如下：黃詩記出六股，本銀二千四百元；黃書記出四股，本銀一千六百元，聯美號出十股，本錢四千元，黃潛記出七股，本銀二千八百元；安記出三股，本銀一千二百元。約定每年若有紅利，扣除支出後，其餘利錢按股均分。另有「加蔭三股」：黃青龍有一股兩格，黃鑒舍得九格，王長江得九格，「以為諸夥任事酬勞」。契約規訂「倘年景不齊、或有虧本，亦財運使然，毋得別生異議」，「若將來有欲抽起本銀者，亦應先期會議，不得私相授受」。

第二分記同治五年（1866）正月，黃詩記、黃書記等商號再在廈門恆勝街開設錦昌號，從浦南等處購入紙貨往廈發賣，由王盛舍負責管理。契約載股分計分十二股：黃詩記出三股，本銀三千元；黃書記出兩股，本銀二千元；勝義號出四股，本銀四千元；黃敏記出一股，本銀一千元；黃潛記出一股，本銀一千元；林文記出一股，本銀一千元。年終若有紅利，分壹股為「諸夥任事酬勞」：王盛捨得六格，黃鑒舍得四格。

第三分立於同治十一年（1872）二月的契約則關於火燒街聯昌豐記的拆顆事宜，契約謂該店成立數年，尚見獲利，後「因詩記、書記有自營在廈勝義號生理，當事黃鑒舍不幸病故，行務乏人接管，遂行停歇」，經股東商議決定結業，決定聯昌豐記生意和應收應還帳目，悉歸股東聯美、潛記、安記等協力設法營為，得失概與詩記、書記無涉。

第四分立於同治十一年二月的契約為有關錦昌號結業的問題。該店因生意虧損，各股東議決改換經理，改由陳松官掌管，可惜仍未能轉虧為盈，股東議決結業，虧蝕資金按股本數量分攤。[17]

上述四分契約文書，反映出廈門商人合夥制的兩個特點：第一是自由靈活，有分攤營商風險的作用。各股東因應自身的財力而進行投資活動，企業利潤扣除給予管理人員酬金後，按股數均分。若遇到虧損後亦按股數分攤。如某股東不願意繼續投資該企業，可與其他股東商議而退出。第二是企業所有權與經營權的分離，股東聘請專業管理人員經營企業，年終時若有贏利，

17 《閩南契約文書綜錄》，《中國社會經濟史研究》，1990年增刊，頁118-120。

後者可按比例取得分紅，有助提升管理人員的積極性；若企業出現虧損，股東亦可撤換管理人員。

重視親族與同鄉關係

　　重視親族與同鄉關係是廈門商人企業組織的另一特點。傳統儒家思想向來重視人倫關係，宗族關係在閩人社會中占有支配地位。對依靠航海謀生的廈門商人來說，海上生活講求團結與合作，家族成員對家長的忠誠與責任感，正好為這種團結與合作提供堅實的基礎。不少從事海上商業活動的家族，更有收養異姓子弟，增強家族的競爭力。晚明鄭芝龍以鄭氏家族為中心，掌握海上霸權，鄭氏家族成員鄭鴻逵（親弟）、鄭芝豹（親弟）、鄭泰（堂侄）等均在鄭氏海商集團擔任要職。彭孫貽《靖海志》稱明末鄭氏家族「一門聲勢，赫奕東南」，「全閩兵馬錢糧皆領於芝龍兄弟，是芝龍以虛名奉召，而君則以全閩予芝龍也」。[18]道光《廈門志》謂：「閩人多養子，即有子者，亦必抱養數子，長則令其販洋，賺錢者，則多置妻妾以羈縻之，與親子無異。分析產業，雖胞侄不能爭。亦不言其父母。既賣後，即不相認，或藉多子以為強房，積習相沿，恬不為怪」。[19]家族與同鄉關係更有利於創業資金的籌集。

　　籍貫關係是理解民國廈門華資企業構造的其中一個重要原則。民國時期廈門人口構成以福建人為主，外省居民以廣東（2.13%）及浙江（1.01%）最多，江蘇人次之（0.68%），江西人又次之（0.47%），其他省籍居民不及百分之〇點三。近代廈門蘇廣郊業務興盛，廣東、浙江、江蘇人來廈營商者眾。廣東人除經商外，亦有相當數量專業人士與技術工人，如近代廈門城市改造運動的功臣周醒南為廣東惠陽人，抗戰時擔任偽廈門市長之李思賢則本業律師，廣東新會人，二十年代末亦有不少廣東人在廈任打石工人。廈市閩籍居

18　劉強：《海商帝國：鄭氏集團的官商關係及其起源（1625-1683）》（杭州市：浙江大學出版社，2015年），頁9。

19　周凱：《廈門志》（廈門市：鷺江出版社，廈門市地方志編纂委員會辦公室1996年整理本），頁517。

民以閩南人最多，祖籍廈門者僅占百分之三十四點六三，可見廈門移民城市
之本質。籍貫往往影響著個人就業選擇，相同籍貫的人大多會從事某幾種職
業，產生以地緣和業緣結合的「幫」。就廈門情況而言，「幫」之形成大致可
從三個方面去理解：一為中國人向來講求同鄉關係，外地移民到廈門謀生，
對當地風土民俗與營商環境並不瞭解，更可能不諳閩南語，與本地居民不易
溝通，必須依賴同鄉照顧並代為找尋工作。同一籍貫移民多會在同鄉介紹下
從事同一職業，藉此互相照應，及抵抗工作時遇到的不平等對待，此種趨向
尤以低下階層職業為然。如一九三七年廈市人力車夫約有千餘人，興化籍車
夫數目最多，溫州籍四百餘人，北方及本地各縣籍僅一百至二百人。碼頭運
輸業由祖籍泉州的「廈門三大姓」壟斷。旅廈福州人有所謂「三把刀」稱號
（即裁縫的剪刀、理髮匠的剃刀和廚師的菜刀），龍岩人則手執百貨業牛耳。
其二是中國傳統手工業向以師徒制傳授業藝，工匠招收學徒，多由鄉親引介，
學徒學得之專業技能亦富地方特色，各地工匠依靠本身技能配合市場需要，
招徠客戶。如廈市成衣匠分上海、福州和本地三種：上海成衣匠人數最少，
所製衣服較能迎合時裝潮流，收費最昂；福州成衣匠數量最多，工費最廉；
本地衣匠皆為女性，多在家中承接工作。其三是外地商人經營本籍土貨來廈
發賣，他們在採購土貨時因熟悉本籍市況，因此能降低成本，排除非本籍商
人之競爭。戰前家俬業分上海、廣東、福州、本地四幫。廣東幫專製柚木，
自運原料僱工製造；上海、福州幫則由其原籍採購製成品來廈發賣。各幫商
品針對之消費市場亦有檔次區分，福州幫經銷之家俬不講究手工，適合普通
家庭使用，廣東、上海幫經銷之家俬手工較佳，價錢亦貴，深受富戶歡迎。
各幫客路、貨源不同，彼此間絕少惡性競爭。但在部分行業中「幫」之分類，
並非絕對與籍貫扯上關係。如糖油業按經營貨品產地來源和種類，分成洋幫、
香港幫、北幫、出水幫、油幫、在地幫。[20]

近代不少廈門的企業家，即倚靠家族成員的團結與合作而垂統立業。陳
嘉庚父親陳杞柏所開設的順安米店，經營從東南亞輸入食米業務。由陳氏的

---

20 周子峰：《近代廈門城市發展史研究》（廈門市：廈門大學出版社，2005年），頁153-155。

族叔擔任經理及掌管財政，除有四名親生子（陳嘉庚、陳敬賢、陳天乞、陳天福）外，更收養了其他六個兒子（陳孟庚、陳長庚、陳長齡、陳長修、陳長城、陳天祿）。陳嘉庚步入商界之初，便是在順安米店擔任學徒，學習基本店務。經過兩年的學習後，其族叔回鄉省親，陳氏才得以掌管店務，一展其商業才華。陳氏之父親除經營米業外，亦深諳西諺所謂不要將所有雞蛋放到同一籃子之道，也將部分資金投資到房地產業上。據估計，陳杞柏於一九〇〇年的財產，扣除欠債與抵押外，已達四十萬元之鉅。「張源美茶行」是由安溪人張彩山、張彩鳳、張彩南、張彩雲四兄弟創辦。張氏兄弟出身茶農世家，清末農村破產，張彩山、張彩鳳於十九世紀末隨親族到新加坡謀生，白天在製造西谷米的工廠工作，晚上拉人力車幫助生計。張彩山於一九〇四年遷到緬甸毛淡棉山芭，開荒種植果蔬，隨後其弟張彩鳳亦到緬甸協助產銷業務。張氏兄弟目睹鄉里幾家在東南亞經營家鄉茶葉的茶莊獲利豐厚，萌生經營茶葉運銷緬甸的念頭，最後張氏四兄弟在安溪建立張源美的商號，以白毛猴為註冊商標。「丁福記」是抗戰前廈門較具規模的貿易商行，經營瓜子和花生等運銷業務。該行由晉江人丁繩接於一九二五年創辦。創業之初，丁氏在典寶街租賃一幢十四平方米店面的小樓房經營瓜子、花生生意，樓下作門市，樓上為加工場，全家老少投入店務，其銷售的「虎標瓜子」暢銷閩南。由旅居日本長崎的同安華僑陳氏經營的泰益號商行，在建立初期，其核心經營層是由一批家族和親屬成員構成。除創辦人陳世望本人外，主要有陳世望的長子陳金鍾，義弟陳世科，弟弟陳世琨，女婿謝毓鐵、蔡承潤，妹婿黃為山，表弟楊篤頭、何磋，外甥陳永頭、陳永宰以及陳金鍾的外甥陳念尋。在泰益號創建初期，這些家族和親屬成員占全店從業人員的百分之七十。[21]

在西方資本主義社會發展初期，家族企業是西方企業發展的主要形態，與傳統中國企業組織的模式相近。在家族企業中，家族成員掌握所有權與經營權。由於家族成員之間形成了一個小型的團體，團體內部時常一起溝通交流，使得內部成員的信息不對稱性及成員間的協調成本得以降低；加上由於

21 戴一峰：《區域性經濟發展與社會變遷》（長沙市：嶽麓書社，2004年），頁414。

血緣的維繫，使家族成員對企業產生責任感，從而對企業作出超越應得報酬的奉獻，使企業能夠在逆境中掙扎圖存和成長，改革開放時期，廈門不少家族經營的民企，便是在國家政策的扶持中茁壯成長，成為當代廈門民營企業的支柱。當然，家族企業在發展過程中，往往遇上人才不足，墨守成規，未能有效地迎合市場的挑戰。廈門的民企要衝出本地，迎向國際市場，如何改革過去保守的家族領導體制，也成為廈門企業家所必須思考的課題。

廈門商人的成功之道

商業世界風雲變幻，要在商界取得成功，除或多或少倚靠運氣外，個人的素質與人際網絡也非常重要。傳統儒家倫理重視「信」的觀念。《論語‧學而》謂：「為人謀而不忠乎？與朋友交而不信乎？」華人商業社會非常重視個人的誠信。抗戰前廈門錢莊貸款予各商號，首要條件不一定是否能交出抵押品，而是重視該商號的信譽。廈門各大商號多設有跑街一職，負責收集交易商號的信譽及財政狀況。若商人在商場中擁有良好的聲譽，無疑能為他本人增添無形資產，有效地減低借貸的成本，在產品的賒銷過程，也可以享有更多的優惠。陳杞柏晚年經營失敗，欠下鉅額債務，陳嘉庚咬緊牙根，不顧親友反對，為父親還清欠債，贏得商界稱頌。故此成功的廈門商人，相當重視個人的誠信，言必信，信必行與童叟毋欺是他們的座右銘。

我們可以從永康成、同英佈店及張源美茶行三個案例，窺探廈門商人奮鬥之道。杜池榕與杜池桂兄弟兄弟成功的因素，在於重視貨品的品質，以及強調職工的工作品質。杜氏十分重視貨物品質，不光憑採購員的介紹或廠家的宣傳，必定親自檢驗。如新產品面巾進店，就拿出一條測試品質，利便向顧客介紹產品；若自己不懂，就請教內行，絕不盲目經營，或受廠方欺騙，採購員也不敢胡亂進貨。同時他也強調對店顆的物質獎勵，按職務輕重、貢獻大小給店員按盈利多寡分紅，並安排店員輪流替換崗位，熟習各櫃檯的店務，利便提升到管理階層；又訂立嚴格店規，凡職工有嫖賭的行為，馬上除名，即使是親友子侄也不例外，禁出店員在營業時間內談論私事或閱讀書報；

要求營業員儀表要端重大方，和顧客談吐要和藹熱情。民國時期廈門的知名商號同英布店，掛著真不二價的招牌，從不假冒商標欺騙顧客。同時量佈注意準確，保證一碼足夠三十六英寸。每碼佈的價錢雖然比一般商店貴一到兩分錢，卻仍然能獲得顧客信心而客似雲來。張源美茶行雄踞緬甸的茶葉市場，秘訣在於能兼顧高檔與低檔產品的市場，生產優質的高檔產品，即鐵盒裝岐山洞正白毛猴、紙包裝岐山洞提樅小種和寶國水仙；中、低檔產品包括以萬圍、福記為牌號的優質價廉的產品，以薄利多銷為經營原則。信譽是企業的生命線。張源美茶行堅守商譽，採取茶質有變，舊可換新的措施。張氏兄弟頻頻巡視各個銷售點，若發現茶質有變，必以新換舊，使張源美茶行在商業道德和品質信譽方面，贏得消費者的信任。近年來外國不少媒體有意無意地挑剔中國出口產品質量有待改進善，廈門商人重視質量的成功例子，也可以給我們若干啟發作用。

第六章
辛亥革命時期的廈門商會

　　廈門為一典型商業城市，城市社會內部最具影響力者首推商人階層。三十年代以前商人控制著地方慈善事業與教育經費來源，對民間輿論與城市集體活動具有重大影響力。近代廈門商人社團最重要者當推廈門商會。一九○四年清廷頒佈〈商會簡明章程〉，全國各地商會陸續成立。商會之誕生改變清代商人在經濟領域自治，在社會生活領域相對卻接受國家控制之二元現象。[1]廈門商會的成立，標示著近代廈門城市史上國家與廈門地方菁英關係的改變。本文即旨在重構辛亥革命時期廈門商會的發展概況，藉此說明商人階級與廈門社會變遷之關係。

商會成立前廈門地區商人組織概況

　　據《廈門志》所載，清中葉時廈門已有「洋行」、「商行」、「郊」等商人組織存在。「洋行」是從事東南亞貿易的組織，負責洋船「保結出洋」，並承辦每年向官府進貢燕菜七十斤及黑鉛四○三二一斤。「商行」職責相若，凡「南北商船由商行保結出口」，可見「洋行」與「商行」是協助政府管理商船，及應付攤派捐稅負擔的商人組織。[2]據連橫解釋，「郊」是「商人公會之名。共

1　Marie-Claire Bergère, trans. by Janet Lloyd, *The Golden Age of the Chinese Bourgeoisie, 1911-1937* (Cambridge: Cambridge University Press, 1989), p. 24.

2　周凱：《廈門志》（廈門市：鷺江出版社，廈門市地方志編纂委員會辦公室1996年整理本），卷5，頁139-141。此外，廈門漁業亦有所謂「漁行」組織，清廷規定漁船須由漁行保結方可出海，此為「行」協助政府管理民間生產事業及應付捐稅另一例子，見同前書，卷5，頁136。又並非所有行商均加入「洋行」或「商行」組織，「商行」對本業壟斷性有限，嘉慶年間廈門諸行商合資重修武西殿，立碑為記，碑文將捐款行商分成「洋行」、「商

祀一神，以時集議；內以聯絡同業，外以交接別途，猶今之商會也」[3]，其組織較前兩者更具為同業利益服務之特色。如嘉慶十八年（1813）和合成洋行呈請將原歸商行具結的洋駁，改由洋行代辦，嘉慶廿二年（1817）廣郊金廣和指控該行「把持勒索」，結果閩浙總督董教增批准恢復原狀。[4]

　　道光以後廈門地區的「郊」因應本身經營業務種類及地區，演化成所謂「十途郊」，清末廈門「途郊」組織與臺灣「行郊」組織運作極為類同。曾玖成分析臺灣「行郊」時指出，「行」是指商行，「郊」是一種商人為共同利益和商業發展而設的團體。[5] 廈門「途郊」中的「途」是行業的意思，「郊」則專指頂盤商（即直接從生產商購貨的批發商），成員僅限頂盤商戶。[6] 各郊藉共同參與行業神之祭祀儀式為結合模式，每年由同業輪值作東，供奉神像，作東商號稱為「爐主」。[7] 茲以一八九九年日本廈門領事報告列出之「十途郊」名單為骨幹，增入其他資料，將「十途郊」成員與業務概況分列如下：

1. 洋郊：從事與南洋群島如香港、新加坡、檳榔嶼等地貿易。
2. 北郊：從事廈門以北中國沿海港口，如牛莊、錦州、天津、溫州、煙臺、寧波、上海等地之貿易往來。輸出貨品包括砂糖、茶、紙、煙草，從牛莊、煙臺輸入大豆、豆油、豆餅、火酒、毛皮、藥材、小麥、麵類。

行」、「小行商」三類。三類組織捐款形式與數額各有差異：「洋行」捐款額按個別行號計算，約每號二十元；「商行」按商號擁有船隻計算，每船捐銀一兩三錢六分二釐；「小行商」捐款形式與「洋行」相同，然數額較少，每間商號各捐十元，見〈重修武西殿碑記〉。

3　連雅堂著，姚榮松導讀：《臺灣語典》（臺北市：金楓出版社，1987年），頁56。

4　周凱：《廈門志》（廈門市：鷺江出版社，廈門市地方志編纂委員會辦公室1996年整理本），卷5，頁141。

5　曾玖成：〈臺灣的行郊史〉，《臺北文獻》第38期（1976年12月），頁310。

6　石定國：〈廈門市百貨商同業公會沿革〉，載廈門市商會編：《廈門市商會復員紀念特刊》（廈門市：編者自印，1947年），頁13；李榮主編：《廈門方言詞典》（南京市：江蘇教育出版社，1998年），頁55。

7　廈門市商會編：《廈門市商會特刊》（廈門市：廈門市圖書館1940年藏本），頁4。

3. 疋頭郊：從事綢緞、綿織物買賣事業。

4. 茶郊：專營閩南與臺灣茶葉貿易。

5. 泉郊：從事閩臺兩地貿易及船舶業，從前臺灣貿易利權由該郊壟斷，日據臺灣時期開始衰落，以晉成、昆成、源發、發祥、福美、恆成、源成，及福同隆八大商為主幹，擁有船隻約四、五十艘。

6. 紙郊：即紙郊金慶和，從事紙類販賣。

7. 藥郊：即藥郊金泰和，專營藥材販賣。

8. 碗郊：經營泉漳兩府陶磁器輸出臺灣及南洋的貿易。

9. 福郊：與福州貿易的商人組合。

10. 笨郊：從事廈門與臺灣笨港（即今北港）之間的貿易。

上述十途郊的福郊和笨郊組織散亂，有名無實，勢力最殷富者是洋郊、北郊和疋頭郊。[8]各郊置董事一人，董事與會員每年聚會數次，保障和增強同業福利。部分途郊更聘有名為「出官」的幹事專責交際，遇有政署衙門事件，董事不便出面或不諳官話，皆由「出官」出面處理。各郊為方便溝通與爭取權益，設「十途公所」以資聯繫。[9]

8　日本廈門帝國領事館：〈廈門商務總會〉，載日本外務省通商局編：《通商彙纂》（東京：不二出版，1996年復刻版），冊148，1910年8月號，頁15；東亞同文會編：《支那省別全志》（東京都：編者自印，1920年），卷14：〈福建省〉，頁964-969；石定國：〈廈門市百貨商同業公會沿革〉，載廈門市商會編：《廈門市商會復員紀念特刊》（廈門市：編者自印，1947年），頁13。二十世紀初期，福郊與笨郊相繼衰落，位置由廣東郊（經營粵貨買賣）和綿紗郊（經營綿絲和綿佈輸入）所取代，見東亞同文會編：《支那省別全志》（東京都：編者自印，1920年），卷14，頁964-9。事實上，筆者就現存資料所見，二十世紀初廈門途郊組織不單只有十個，如一九〇五年三月二十六日《申報》有如下報導：「廈門各行號分為十途郊，邇因錢郊與各行號往來，一遇虧欠倒閉，及經理人潛行逃逸欠款，則互相推諉，往往控之地方官，案懸數年不結」，由是可以推斷「十途郊」絕非單由十個途郊組織結成，數量時有增減，情況與「廣東十三行」相類，僅為一概括性統稱已。此外，廈門亦有並未加入「十途郊」的新興「途郊」組織，如「蘇廣郊」（即蘇廣郊金廣安），該郊成立於一八九八年，是百貨業商人的同業組織，見石定國：〈廈門市百貨商同業公會沿革〉，頁13。

9　日本廈門帝國領事館：〈廈門商務總會〉，載日本外務省通商局編：《通商彙纂》（東京：不二出版，1996年復刻版），冊148，1910年8月號，頁15；石定國：〈廈門市百貨商同業

一八九九年五月，興泉永道惲祖祁奏請在廈門設立保商局，職司保護歸
國華僑，遴選紳董經理，經費由出國華僑護照費下提撥。保商局興辦之初，
官員辦事認真，調撥福安與飛捷兩兵輪往來南洋巡緝，深受廈商稱頌。後惲
祖祁因虎頭山日租界案去職，當事者輒改用委員，致流弊叢生。[10]

廈門商務總會之成立及其運作（1904-1910）

一九〇三年至一九〇四年間署理閩浙總督李興銳兩次上奏談及閩省商會
之組織原因和原則，言論要點有三：

其一是保障閩省利權：閩省礦藏豐富，素為外國覬覦，閩省「地處海疆，
民貧土瘠」，然新政改革在在需財，「取於民者既不能不加於前，則為閭閻籌
生利之源以救，目前財用之困非講求商務無從措手」[11]，必須「招商集股設立
公司，方足以自保利權」，建議將通省礦務統歸商政局統轄，督飭商會紳董糾
合股富，仿照湖南辦法，先行設立總公司分廠。[12]

其二是商會可溝通官商關係：李興銳主張應於福州及廈門兩處各設商政
局，遴派大員總理其事，公舉商董設立商會，「務使官商聯為一氣，實力維持」。[13]

其三是將商會權力局限於地方經濟事務，李興銳認為商會最大作用是「厚
營業之力，聯渙散之情，以之貿易而不受欺制於外人，以之考察而得資見聞
於眾議」，民間商董與商政局總辦處於從屬關係，商董責任為「集議」，意見

公會沿革〉，載廈門市商會編：《廈門市商會復員紀念特刊》（廈門市：編者自印，1947
　年），頁13。

10 〈兼閩浙總督奏遵旨查明廈門保商局被參各款據實覆陳片〉，《鷺江報》，廈門市圖書館
　藏本，冊56，1903年1月17日，頁8；〈商部奏廈門商政局積弊請將保商事宜改歸商務總
　會經理折〉，《申報》，1905年8月6日；《申報》，1899年11月17日，1900年6月25日。

11 中國第一歷史檔案館編：《光緒朝硃批奏折》（北京市：中華書局，1996年），102輯，頁
　547。

12 中國第一歷史檔案館編：《光緒朝硃批奏折》（北京市：中華書局，1996年），102輯，頁
　88。

13 中國第一歷史檔案館編：《光緒朝硃批奏折》（北京市：中華書局，1996年），102輯，頁
　547。

由總辦「決判」，商董僅能向總辦提請有關商業事項，非本務之私謁概不准許。[14]

　　綜上所述，可知閩省地方大員視商會是輔助政府經濟改革的機關，官府在商會興辦過程中扮演積極角色。商部本擬任命臺灣首富林維源任商會總理，後林維源病逝，改由養子爾嘉充任，華僑陳綱任協理。[15]一九〇四年廈門商會正式成立，於二月二十八日借小走馬路廣東會館舉行第一次會議，商務局總辦黎氏傳請資本達一千元以上的紳商兩百餘人出席會議。部分商紳恐怕會上有勸捐事情，避不出席，到會者僅六十餘人。[16]

　　廈門商會職能增加是廈門商務改革之結果。一九〇四年保商局改稱商政局，兼辦保商事宜，並無紳董參與事務，對華僑商人亦無切實保護措置。商政局頒發的保護執照，歸國華僑請領者寥寥無幾，雖經張文川整頓，並加強保商措施，向洋行租一小火輪，每月租金兩百七十元，載有親兵二十餘名，每晨游弋廈門鄰近海域，監督各小船運載旅客物件無欺詐事情，然局務未見起色。繼任提調駱騰儔與廈商關係惡劣，局務均由官方把持，商民諸多隔膜。商部有見及此，將保商事宜改歸商務總會經理，商政局雖依舊維持，惟改由興泉永道兼任總辦，廈防同知就近參與，提調委員各名目、修建補助諸捐項一律裁去，原由商政局負擔的防營兵餉轉由商會承辦，按月解交商政局支放。[17]至是商會成為兼理僑務的半官力機構。

　　商會成立之初，僅賃鎮邦街樓房辦公[18]，商部參議王清穆巡視廈門，得悉

---

14 中國第一歷史檔案館編：《光緒朝硃批奏折》（北京市：中華書局，1996年），102輯，頁548。

15 廈門市商會編：《廈門市商會特刊》（廈門市：廈門市圖書館1940年藏本），頁3。

16 《鷺江報》，廈門圖書館藏本，冊61，1904年4月10日，附錄頁2上下。

17 《鷺江報》，廈門圖書館藏本，冊77，1904年9月14日，附錄頁2下；〈商部奏廈門商政局積弊請將保商事宜改歸商務總會經理折〉，《申報》，1905年8月6日。有關保商局之建置經過及其失敗原因，參 Yen Ching-hwang, *Coolies and Mandarins: China's Protection of Overseas Chinese During the Late Ch'ing Period (1851-1911)* (Singapore: Singapore University Press, 1985年), pp. 269-280.

18 洪鴻儒：〈本會沿革〉，載廈門總商會編：《廈門總商會特刊》（廈門市：廈門大學圖書館1931年藏本），頁1。

商會章程均與部章不符，透過閩浙總督邀集紳商重訂商務會章程[19]，並令漳州紳商奏定會章，設立商務分會，其後石碼分會（成立於1905年）、泉州分會（成立於1908年）及同安灌口分會（成立於1910年）先後成立。[20]辛亥革命前夕，廈門商會管轄地包括廈門、泉州、漳州、龍岩及永春等地。

據〈廈門商務總會改良規定〉，商會成立宗旨有五：

1. 聯絡同業，啟發知識，研究商業學比較得失，以期精通商業知識。
2. 維持公益，改良商規，調停紛議，代表同業向官府申訴，以圖實業界關係之融洽。
3. 調查農工商界狀況，應商部及商政局諮詢，以及供本地其他商人研究參考。
4. 推行及介紹有利農工商業措施，對現存措施提出改良建議。
5. 就地方農工商業興衰有關問題向地方官表達意見，向公眾發表以供參考。

在組織方面，計分幹事、事務員、會員和會友四類。幹事包括總理一人、協理一人、庶務議董兩人、商會議董兩人，保商議董兩人，及貢燕議董兩人，另可增入臨時追加議董若干名。下設事務員包括坐辦一人、理事一人、書記兩人、翻譯一人、會記一人、庶務一人，均由總理、協理及其他議董商議任用。如有事務員不稱職或處事不公，會員五人以上可向總理報告，由總理辭退。總理與協理任期一年，必須年滿三十歲。總理、協理和議董由全體會員用秘密投票形式選出。在每年年會上，會員先選出議董，再選出總理和協理，得票最多者當選總理，次多者出任協理。若首二人得票相同，由議董投票重選。選舉結束，商會把當選名單上呈商部核准，由商部正式任命。[21]

會員需合符下列四項資格：

---

19 《申報》，1905年6月28日。

20 〈商務〉，《東方雜志》第3卷第7期（1906年6月），頁83；廈門總商會、廈門市檔案館編：《廈門商會檔案史料選編》（廈門市：鷺江出版社，1993年），頁4-5；柯淵深編：《石碼史事（輯要）》（龍海市：龍海市文史資料委員會，1993年），頁30。

21 日本廈門帝國領事館：〈廈門商務總會〉，載日本外務省通商局編：《通商彙纂》（東京：不二出版，1996年復刻版），冊148，1910年8月號，頁16-17。

1. 品行方正者。
2. 在廈門從事實業。
3. 明白事理。
4. 年齡三十歲上下，身體健康，無吸食鴉片等嗜好。

茲據一九一○年日本領事調查報告，將該年議董和會員名單表列如下：

職務	姓名	經營業務	資產
總理	林爾嘉	銀行業	約60萬元
協理	洪曉春	米商	約4萬元
庶務議董	陳祖琛	當鋪	約6萬元
庶務議董	王兆揚	北郊	約2萬元
商會議董	葉崇華	錢莊	約30萬元
商會議董	蔡紹訓	？	？
保商議董	陳慶餘	？	約2萬元
保商議董	莊贊周	雜貨業	約3萬元
貢燕議董	黃慶元	錢莊	約10萬元
貢燕議董	姚盛本	北郊	約35萬元
會員	陳炳榮	雜貨業	約1萬2千元
會員	林鶴壽	錢莊	約100萬元
會員	邱曾權	錢莊	約20萬元
會員	陳得三	？	？
會員	王奐雲	雜貨業	？
會員	林啟恆	北郊	約35萬元
會員	陳天恩	西醫	？
會員	周隆福	紙商	約1萬2千元
會員	楊廷梓	茶商	約10萬元
會員	黃猷炳	錢莊	約100萬元

職務	姓名	經營業務	資產
會員	邵棠	雜貨業	約2萬元
會員	徐壽萱	？	？
會員	黃廷樞	？	？
會員	蘇攀仲	？	？
會員	王隆惠	？	？
會員	傅政	德記洋行買辦	？
會員	吳星南	？	？
會員	曾崑山	米商	約3萬元
會員	葉崇祿	匯兌、砂糖、雜貨，和海運業	？
會員	黃恢	？	？
會員	林松馨	錢莊	約3萬元
會員	林逢貴	米商	約4萬元
會員	黃榜三	？	約5萬元
會員	黃觀瀾	錢莊	約3萬元
會員	邱曾三	錢莊	約4萬元
會員	吳瑞奎	？	？
會員	林清漢	？	？
會員	莊文澤	？	？
會員	石佳才	？	？
會員	蘇子謙	德臣洋行	？
會員	阮鏡波	？	？
會員	陳秀津	？	？
會員	龔州	德律風公司	？
會員	林淑材	？	？

職務	姓名	經營業務	資產
會員	歐陽芸	？	？

資料出自日本廈門帝國領事館：〈廈門商務總會〉，載日本外務省通商局編：《通商彙纂》（東京都：不二出版，1996年復刻版），冊148，1910年8月號，頁22-24；田原禎次郎編：《清末民初中國官紳人名錄》（北京市：中國研究會，1918年）。

　　綜上述名單來看，廈門商會幹事共十人，除兩人不明經營業務外，從事金融業者（銀行、錢莊、當鋪）四人，占已知經營業務幹事50%；貿易業者（北郊）兩人，占已知經營業務幹事25%；糧食及消費品銷售者兩人，占已知經營業務幹事25%。商會共有會員四十五人，除十八人不明經營業務外，從事金融業者十人，占已知經營業務者37%；貿易業者（北郊、茶商及紙商）五人，占已知經營業務者18.5%；糧食及消費品銷售者七人，占已知經營業務者25.9%；兼營金融及貿易者一人，占已知經營業務者3.7%；買辦或為洋行僱員兩人，占已知經營業務者7.4%；從事新式生產事業或專業人仕者兩人，占已知經營業務者7.4%。可知金融業商人在商會內所占比例最大，亦最具實力。另據日本領事報告指出，商會重要成員除林爾嘉等二、三人外，大多擁有外國國籍。[22]

　　商會在廈門商業史上有兩個特點：第一是傳統途郊組織的繼承。途郊組織聯絡同業及爭取同業利益的目標為商會所繼承；途郊的「出官」與商會的「坐辦」功能相當接近，商會首任坐辦施士潔進士出身[23]，繼任坐辦如鄭煦（前署泉州知府）、鄭熊（候補佐班）均在官場有一定經驗及人際關係[24]，可知「坐辦」另一作用是與官府打交道，與「出官」功能相若。第二是廈門商人組織的近代化整合，商會與十途郊差異有三：

　　首先是宗旨上的差異。十途郊宗旨僅為聯絡同業及爭取權益，商會宗旨

22　日本廈門帝國領事館：〈廈門商務總會〉，載日本外務省通商局編：《通商彙纂》（東京都：不二出版，1996年復刻版），冊148，1910年8月號，頁25。

23　廈門市地方志編纂委員會辦公室編：《廈門市志（徵求意見稿）》（廈門市：編者自印，2000年），頁11。

24　廈門市商會編：《廈門市商會特刊》（廈門市：廈門市圖書館1940年藏本），頁3。

則包括增進商界的商業知識，調查農工商狀況，為政府及本地商人提供信息，服務對象較前廣泛，更能配合廈門地區近代經濟發展需要。

其次是成員內容的不同。途郊成員只限本業頂盤商，二盤商和零售商並不包括在內。商會成員內容則是跨業界、及不以籍貫和宗教信仰為限，不單涵蓋十途郊，亦包括西醫、洋行買辦或職員和新式近代化企業代表（如電話公司、銀行），會員個人財產從一萬兩千元至一百萬元不等。此外，一般商人均可以會員或會友形式加入商會。又途郊以民間信仰祭祀儀式進行聯絡同業活動，商會則以社團定期會議形式取代，組織原則更能體現商人階級的獨立自主性。

最後在管轄區域上，商會轄區基本上覆蓋晉江與九龍江流域，與廈門城市經濟腹地重疊，透過與轄下分會聯繫，為該區域商人間之交往提供嶄新管道，此亦為途郊組織不能企及處。民國時期廈門商會與政府交涉中，包括不少其他閩南商會的經濟事務，儼然成為閩南地區商界利益代言人，於近代閩南商人團結意識及自主性之凝聚厥功甚偉。

在林爾嘉主理下，廈門商會會務亦蒸蒸日上，於舒緩地方商困、推廣商務，及推行新政建樹良多，茲將其犖犖大者分述如下：

（1）舒緩地方商困

自乾隆初年始，清廷規定廈門每年進貢燕窩，地方官員嚴令商民高價採購進貢，商民賠累甚鉅，一九〇五年改歸商會承辦，商會從進口各貨釐金項下墊付。廈門商會為解商困，奏請農工商部豁免獲得批准，採購燕窩費用改由政府備價採購。[25]

（2）推廣商務

一九〇八年四月，農部電催廈門商會興辦陳列所推廣商務，林爾嘉邀請

---

25 廈門總商會、廈門市檔案館編：《廈門商會檔案史料選編》（廈門市：鷺江出版社，1993年），頁343-344。

商界及興泉永道劉慶汾，在商會共議陳列所細則，派陳劍門、莊有才、蔡德喜等人為陳列所照料委員，請各省商會派人帶貨來廈陳列，由商會招待。[26]同年美國艦隊訪廈前夕，林氏復與海關稅務司包羅（C. A. V. Bowra）商議在商會內闢一商場，陳列刺繡製造、天然物品、美術等物，供到訪之美國艦隊官兵參觀，藉此振興商務。[27]抑有進者，商會更發動廈門商人參與各種商業交流活動，如一九〇九年南京舉行勸業會，林爾嘉遣親族數人前往南京觀賽，又一九一〇年三月奧地利在維也納舉行臟務賽會，邀請中國各省商人攜帶貨品參賽，商部札飭商會遵照辦理，商會轉飭各分會商人出席參與。[28]

（3）推行新政及落實清廷保商政策

一九〇七年商人陳氏仿效外國生產方法，設立「陶化公司」，專事製造各色罐頭生意，商部行文廈門商會予以保護。[29]一九〇八年清廷籌設諮議局，選出地方代表出任諮議局議員。籌備會議於十一月十九日在商會舉行，由同安縣令易大令和林爾嘉主持，議決設立事務所於同安公館內，舉謝鴻恢、王人驥為坐辦，劉俊、邵心存二人為管理員，由商會紳董捐出二百元作開辦費，辦理選舉調查事宜[30]，商會成員洪鴻儒當選諮議局議員。[31]

---

26 廈門總商會、廈門市檔案館編：《廈門商會檔案史料選編》（廈門市：鷺江出版社，1993年），頁315。

27 廈門總商會、廈門市檔案館編：《廈門商會檔案史料選編》（廈門市：鷺江出版社，1993年），頁316；洪卜仁、戴曉蓉：〈1908年的美國艦隊訪問廈門〉，《廈門文史資料》第18輯（1991年），頁102。

28 廈門總商會、廈門市檔案館編：《廈門商會檔案史料選編》（廈門市：鷺江出版社，1993年），頁317。

29 廈門總商會、廈門市檔案館編：《廈門商會檔案史料選編》（廈門市：鷺江出版社，1993年），頁252。

30 廈門總商會、廈門市檔案館編：《廈門商會檔案史料選編》（廈門市：鷺江出版社，1993年），頁8。原文本作「劉人驥」，然李禧學生洪卜仁指出應為「王人驥」，生前為李禧好友。

31 張朋園：《立憲派與辛亥革命》（臺北市：中國學術著作獎助委員會，1969年），頁275。

（4）招待來華外國使團

一九〇八年十月，美國海軍艦隊訪問廈門，清廷官員及地方紳商在演武亭（今廈門大學校址）開會歡迎，事後立石紀念，商會之領導人物傅政、林爾嘉、洪鴻儒均列名其上。[32]一九一〇年十月十九日，美國太平洋一帶各商會特派代表團二十五人抵達廈門，商會在南普陀寺開設歡迎會，席間遊說美國商團成員回國後，運動美國議院容許中國商人到菲律賓謀生。[33]

（5）主持賑災活動

一九〇九年漳州龍溪南靖洪水為災，商會購辦白米千餘包，派保商局弁勇押解到災區施賑，設立漳州水災賑捐辦事處，邀集本邑紳商及南洋各埠中華商務總會捐輸，善款移交漳州商務分會備帳。[34]

商會與辛亥革命前夕的城市民眾運動

清廷設立商會的目的主要是振興工商及增強官商聯繫，但客觀上各省商務總會通過遍佈各地的分會，構成一個擁有共同利益，及互通信息的全國性網絡。一九〇五年七月的抵制美貨運動及同年八月的抗稅運動，表現出廈門商會在二十世紀上半葉民眾運動中所占有之領導角色。

先言抵制美貨運動。一八九四年美國政府與清廷簽訂「中美會訂限制來美華工保護寓美華人條約」，內有許多苛待華工規定。一九〇四年條約期滿，中國商民要求廢除條約，遭美國政府拒絕，更再度提出續訂新約，旅美華僑在舊金山中華會館集會，發起拒約運動。[35]上海閩粵兩省商人反應最烈，次第

---

32 原碑現存於廈門市南普陀寺藏經閣東側。

33 《申報》，1910年10月26日；廈門總商會、廈門市檔案館編：《廈門商會檔案史料選編》（廈門市：鷺江出版社，1993年），頁462。

34 廈門總商會、廈門市檔案館編：《廈門商會檔案史料選編》（廈門市：鷺江出版社，1993年），頁367-369。

35 廈門總商會、廈門市檔案館編：《廈門商會檔案史料選編》（廈門市：鷺江出版社，1993年），頁431。

集議於會館，商議抵制之法。[36]一九〇四年九月十日廈門各界人士成立「拒美約會」，推陳綱及黃廷元為正、副會長，連城壁任書記兼宣傳，在武廟口（今大同路鎮邦路口）演講三天，遣員調查美貨商標和式樣，列單公佈，呼籲各界抵制美貨。[37]

　　一九〇五年七月十八日晚上，鼓浪嶼美國領事館旗杆上的旗繩被人割斷，並在旗杆下遺下糞便，美領事安德生（George E. Anderson）借題發揮，要求興泉永道向美國國旗鳴炮致歉[38]，二十日商會堅持執行上海泉漳會館訂抵制美貨的五條辦法：

　　1. 美國來貨一概不用，機器等件包括在內。

　　2. 華人不應為美船裝貨。

　　3. 華人子弟不應入學就讀美人所辦學堂。

　　4. 華人不應受聘為美國人開設洋行之買辦或通譯等職務。[39]

　　會議同時決定印發抵制美貨的傳單，函請漳州、泉州各地派代表前來廈門商會開會，討論共同行動方略。會後廈門所有商店執行商會通告，貼出「本號抵制美貨」的標語和傳單。[40]

　　同年八月，廈門續發生抗稅運動。一九〇一年清廷簽訂〈辛丑和約〉，規定通商口岸五十里內常關統歸新關管轄。一九〇四年十月法人嘉蘭貝（P. M. G. de Galembert）代理廈門稅務司，全面整頓廈門常關，大量裁員減薪，只許商

---

36 阿英編：《反美華工禁約文學集》（北京市：中華書局，1962年），頁597。

37 "George E. Anderson to W. W. Rockhill, July 25, 1905," in United States Consulate (Amoy), *Depatches from United States Consuls in Amoy*, Reel 15, no.39, pp. 3-5; "Stuart K. Lupton to W. W. Rockhill, April 2, 1906," in United States Consulate (Amoy), *Depatches from United States Consuls in Amoy*, Reel 15, no. 93, p. 2；廈門總商會、廈門市檔案館編：《廈門商會檔案史料選編》（廈門市：鷺江出版社，1993年），頁431。

38 張存武：《光緒卅一年中美工約風潮》（臺北市：中央研究院近代史研究所，1982年），頁180-1。

39 廈門總商會、廈門市檔案館編：《廈門商會檔案史料選編》（廈門市：鷺江出版社，1993年），頁432-433。

40 廈門總商會、廈門市檔案館編：《廈門商會檔案史料選編》（廈門市：鷺江出版社，1993年），頁496。

船在白天裝卸貨物，縮短紅單有效期，改三年為半年，擴大報關範圍，增設廈門島上關卡，更實施船鈔包商承包制，包商任意勒索商戶，激起廈門商民強烈不滿。[41]

一九〇五年二月，廈門各大商行聯名致興泉永道玉貴，要求照會嘉蘭貝刪除不合理新章條文，嘉蘭貝不允。八月初廈門商會列舉新章弊端六條，通過商部參議王清穆轉告外務部札飭總稅務司過問此事。商會總理林爾嘉電稟福州將軍崇善和外務部，遞交控詞十八張，要求革去海關官員布里南（W. H. Breunan）、海士（Hayce）等人，嘉蘭貝置之不理[42]，興、泉、永、汀、漳、龍六府商人遂發放傳單呼籲群眾罷市。[43]八月三十日早上廈門商民開始罷市，聚集海後灘英租界新關前，興泉永道玉貴、水師提督黃少春、廈防分府黃遵楷等官員親自帶兵守護新關，商民向嘉蘭貝投擲磚石，更衝入海關大院，三次皆被關役推出，地方官令關員差役退至驗貨場，商民窮追不捨。至十一時群眾開始放槍，同安商民加入鬧事，拆毀海關附屬建築物，水師提督黃少春亦被流石所傷，商民衝入海關大樓，嘉蘭貝勸阻無效，開槍轟斃五人。十二時英國軍艦派水兵六十人登岸保護新關，商民始告散去。[44]

事件發生後，黃遵楷酌放恤款予死者。福州將軍崇善提出六條結束處理意見，一方面主張對商民從寬免議，革辦洋、常兩關被告關員、修改關章，及撤換嘉蘭貝，平息商民怨忿；另一方面主張捉拿滋事分子和籌款復修被毀關房，保存海關洋員顏面。[45]總稅務司赫德改任包羅（C. A. V. Bowra）任廈門關稅務司，修訂常關稅則，訓示日後廈門關修訂常關稅則，必須顧存商人利益，與商會另訂新章二十四條。[46]興泉永道亦召見陳綱，要求後者退出抵制

41 中華人民共和國廈門海關編：《廈門海關志》，頁469-470。

42 中華人民共和國廈門海關編：《廈門海關志》，頁472。

43 《申報》，1905年8月31日。

44 "Stuart K. Lupton to W. W. Rockhill, August 30, 1905," in United States Consulate (Amoy), *Depatches from United States consuls in Amoy, 1844-1906*, Reel 15, no. 36, pp. 1-2；中華人民共和國廈門海關編：《廈門海關志》，頁472。

45 中華人民共和國廈門海關編：《廈門海關志》，頁473-474。

46 《申報》，1905年9月29日；《申報》，1905年11月11日；中華人民共和國廈門海關編：《廈門海關志》，頁473-474。

運動。同年八月十五日，陳綱有股分參與的彩票公司，因開獎結果沒有頭獎，被廈門群眾拆毀[47]，市民對美貨抵制運動熱情亦告減退，陳綱在年底返回菲律賓。[48]一九〇六年一月一日，福建全省洋務總局、省會商政總局貼佈告示，宣佈中美政府已就工約問題再度談判，諭令商人照常貿易，慎勿滋生事端[49]，抵制美貿運動正式結束。

　　一九〇五年廈門的兩次城市集體運動，商會均擔當重要角色，美國駐廈副領事立頓（Stuart K. Lupton）稱商會成員是「麻煩製造者」（trouble makers），漳州商人聽從廈門商人勸告，停止輸入美貨。[50]在另一分報告中，立頓聲稱商會雇用廈門附近地區村民參加搗毀海關事件。[51]不論事實真相如何，此兩次城市集體運動與前此的相類運動，在組織及抗爭內容上出現明顯差異。隨著近代城鎮社會結構與功能的變化，商人在城市集體運動中亦扮演更主動的角色，一九〇五年廈門抵制美貨運動及新關事件，正是商民群體意識的增長和社會主體意識的提高，商會在與群眾利益一致前提下，領導民眾起來抗爭，立頓指稱黃廷元提供一百元支付印製反美傳單費用。[52]同時商會成員資助的新式報業亦在鼓動群眾上扮演了重要角色。抗稅運動前夕，黃乃裳主辦並由黃廷元資助的《福建日日新聞》，抨擊美領事要求中國官方道歉的無理行徑，具體揭露海關人員貪汙舞弊詳情。[53]衝突後嘉蘭貝遷怒《福建日日新聞》報社，

---

47 廈門市地方志編纂委員會辦公室整理：《廈門市志（民國）》《廈門市志（民國）》（北京市：方志出版社，1999年），卷3，頁58；張存武：《光緒卅一年中美工約風潮》（臺北市：中央研究院近代史研究所，1982年），頁182-183。

48 《申報》，1905年12月23日。

49 朱士嘉編：《美國迫害華工史料》（北京市：中華書局，1958年），頁164。

50 "Stuart K. Lupton to W. W. Rockhill, August 24, 1905," in United States Consulate (Amoy), *Depatches from United States consuls in Amoy*, Reel 15, no. 33, pp. 1-2.

51 "Stuart K. Lupton to W. W. Rockhill, April 2, 1906," in United States Consulate (Amoy), *Depatches from United States consuls in Amoy*, Reel 15, no.93, pp. 1-2.

52 "Stuart K. Lupton to W. W. Rockhill, August 31, 1905," in United States Consulate (Amoy), *Depatches from United States consuls in Amoy, 1844-1906*, Reel 15, no. 38, p. 1.

53 黃乃裳：〈紱丞七十自敘〉，載劉子政：《黃乃裳與新福州》（新加坡：新加坡南洋學會，1979），頁196；中華人民共和國廈門海關編：《廈門海關志》，頁470；張存武：《光緒卅一年中美工約風潮》（臺北市：中央研究院近代史研究所，1982年），頁186-7。

聯同美國領事致函廈防分府黃遵楷，責令該報社辭退主筆連橫，要求黃乃裳公開登報謝罪，黃氏拒不屈服，《福建日日新聞》停刊一星期，易名《福建日報》恢復出版，至一九〇六年因財政問題結業。[54]

此外，晚清商會的全國性網絡為廈門城市民眾活動帶來新的鬥爭目標。民眾活動目標與視野亦從狹隘的地方利益擴展至全國，這種轉變在抵制美貨活動中表現尤覺明顯。在一八九九年虎頭山事件中，當地居民反對日租界的主因是恐怕祖墳遷移及不滿失去避風港影響生計。[55]這種出於保衛鄉梓的排外表現，固然顯露民族意識，然尚未具備近代民族主義爭取國家主權、民族獨立自主的覺醒。一九〇五年抵制運動宣傳內容則更富近代民族主義特點。一九〇五年四月《福建日日新聞》刊載〈籌拒美禁華工公啟繫之以論〉一文，稱禁工之約並非單是廣東人的問題，更是「中國四萬萬人之大辱」，籌拒美禁華工之舉是國人「愛國心」和「保種心」表現，若中國同胞均有此心，「則中國之前途可賀，中國國民之前途尤可賀」。[56]廈門商會號召商民抵制美貨啟事更指出：「我政府甲午以來，兵力不支，內政未備，外交權日失日甚，國權所未及者，當以民權輔之」，說明抵制目的是使美國人「知我國未嘗無人，後此不敢不以人類相齒事」。[57]這些言論標誌廈門城市階級民族意識日漸滋長，透過商會全國性網絡互通聲氣，爭取整個民族共同體利益與經濟生存權，開二十世紀中國民族運動之濫觴。

此兩次事件亦反映出商會在領導民眾運動上的局限性。商會在事件的肆應舉動，往往是受到清廷官府態度左右。張存武一針見血地指出：「此次抵制運動是由旅美華僑倡導，經梁誠公使支持，外務部默許的」。[58]Lupton 聲稱官

54 黃乃裳：〈紱丞七十自敘〉，載劉子政：《黃乃裳與新福州》（新加坡：新加坡南洋學會，1979），頁196；中華人民共和國廈門海關編：《廈門海關志》，頁473。

55 惲祖祁：〈廈門日租界交涉案文牘〉，《廈門文史資料》第16輯（1990年），頁257-258。

56 見阿英編：《反美華工禁約文學集》（北京市：中華書局，1962年），頁604-606。

57 《申報》，頁1905年7月16日。

58 張存武：《光緒卅一年中美工約風潮》（臺北市：中央研究院近代史研究所，1982年），頁33。

方支持和國外財政援助是抗議運動能夠持續的原因[59]，《福建日日新聞》能易名繼續出版，主要是廈防分府黃遵楷斡旋結果。[60]廈門抵制運動消竭，如上文所述，則是地方政府壓制的結果。

商會與辛亥革命

武昌首義爆發，革命浪潮席捲全國。一九一一年十一月上旬福州局勢緊張，第十鎮統制兼水師提督孫道仁投入革命陣營。[61]福州革命黨人發佈告示勸告滿員歸降，後者力謀備戰，官僚紳富之家紛紛遷徙。廈門地區亦受影響，興泉永道慶藩匿不見客，各界分別拜訪廈防分府王子鳳，表示假若清吏退讓，地方人士亦不與為難，慶藩托疾離廈，王子鳳亦離開廈門，省垣委章拱北署興泉永道。[62]商紳假商會舉行會議，商會總理洪曉春、會董葉崇華鼓動會董議決宣佈獨立。[63]八日晚上福州黨人起事[64]，次日商會請章拱北至商會會面，致

59 "Stuart K. Lupton to W. W. Rockhill, August 31, 1905," in United States Consulate (Amoy), *Depatches from United States consuls in Amoy, 1844-1906* (Washington, D. C.: National Archives, 1947), Reel 15, p. 1.

60 黃乃裳：〈絨丞七十自敘〉，載劉子政：《黃乃裳與新福州》（新加坡：新加坡南洋學會，1979），頁196。

61 孫道仁已於一九一一年十月四日抵廈接任水師提督職務，事見《申報》，1911年10月10日、17日。

62 "Sir J. Jordan to Sir Edward Grey, November 16, 1911,"in Paul L. Kesaris ed., *Confidential British Foreign Office Political Correspondence: China*, Series 1, Part 2 (Bethesda: University Publications of America, 1995), Reel 101, 1096/2；劉通：〈福建光復紀要〉，載中華民國開國五十年文獻編纂委員會編：《中華民國開國五十年文獻》（臺北市：正中書局，1963年），第2編，冊4，頁317；洪鴻儒：〈本會贊助革命事業紀〉，載廈門總商會編：《廈門總商會特刊》（廈門市：廈門大學圖書館1931年藏本），頁15；廈門市地方志編纂委員會辦公室整理：《廈門市志（民國）》《廈門市志（民國）》（北京市：方志出版社，1999年），卷3，頁59。

63 鄭權：〈福建光復史略〉，載中華民國開國五十年文獻編纂委員會編：《中華民國開國五十年文獻》（臺北市：正中書局，1963年），第2編，冊4，頁349；李禧、余少文等：〈廈門辛亥革命見聞錄〉，《廈門文史資料》第18輯（1991年），頁13-14。

64 劉通：〈福建光復紀要〉，載中華民國開國五十年文獻編纂委員會編：《中華民國開國五

電省垣宣佈獨立，由章氏掌軍政事務[65]，後章氏接到革命黨人恐嚇，不敢正式接任道尹一職。[66]商會為防政局惡化，聯合各界組織保安會，公舉六人分部辦事，下設財政、演說、民團諸部，宣佈截留釐金關稅作團練之用。[67]廈門各商高樹白旗，大書漢人萬歲，燃炮慶祝。[68]

保安會為安撫地方大姓及籍民維持地方治安，設保安團五隊，本議定招攬丙州陳姓及石潯吳姓為團丁，兵額兩百名，由保安會向提署商供槍支。後續招攬紀姓及草仔垵臺灣籍民加入，每名隊員月薪十二元，子彈由保安會供應，舉劉炳臣和陳少梧分任正、副統帥，晚上帶槍巡邏各街道。據美國領事報告記錄，保安團約有團丁一千人，其中半數攜有槍械。[69]費用由各商鋪攤分，大店月捐二十元至三十元，小店月捐八元至十元，勸諭廈門島各保仿辦，將遊手好閒分子編入保安隊，沿用保商局措施，僱新馬小火輪巡邏海面。[70]

革命黨人起事未久，旋即發生內訌。起義前廈門黨人本分兩派：一派由連江人張海山領導，張氏曾任福州革命刊物《建言報》編輯，為福州同盟會會員，革命前被指派至廈活動，成員以福州人為主。另一派是由王振邦領導的泗水光復會，成員以華僑及廈門本地人為主。[71]省垣光復消息傳到廈門，張

　　十年文獻》（臺北市：正中書局，1963年），第2編，冊4，頁317；李金強：〈密謀革命——1911年福建革命黨人及其活動之探析〉，載氏著：《區域研究——清代福建史論》（香港：香港教育圖書公司，1996年），頁270。

65 廈門總商會、廈門市檔案館編：《廈門商會檔案史料選編》（廈門市：鷺江出版社，1993年），頁433-434。

66 王振邦：〈光復廈門漳泉永紀略〉，《廈門文史資料》第18輯（1991年），頁35。

67 鄭權：〈福建光復史略〉，載中華民國開國五十年文獻編纂委員會編：《中華民國開國五十年文獻》（臺北市：正中書局，1963年），第2編，冊4，頁349。

68 《申報》，1911年11月26日。

69 "Conditions in Amoy, November 10, 1911," in United States Department of State, *Records of the Department of State Relating to Internal Affairs of China, 1910-1929* (Washington D. C.: National Archives, 1960), reel 8, p. 3.

70 洪鴻儒：〈本會贊助革命事業紀〉，載廈門總商會編：《廈門總商會特刊》（廈門市：廈門大學圖書館1931年藏本），頁15；《申報》，1911年11月16日。

71 李禧、余少文等：〈廈門辛亥革命見聞錄〉，《廈門文史資料》第18輯（1991年），頁14；李金強：〈同盟會與光復會之爭——清季廈門之革命運動（1906-1911）〉，《區域研究——清代福建史論》（香港：香港教育圖書公司，1996年），頁240。

海山召集黨人，假寮仔後（今晨光路）天仙茶園開會宣佈共和，王振邦忙於聯絡漳碼盟員和商會代表工作，未及出席會議，會上張氏被推為廈門軍政府統制，丘汝明任警察局長，王振邦未獲任何委派。張氏宣佈每名參加起義者光復後可得五元，次日張氏率眾占領各政府機關。[72]王振邦不服，雙方糾集黨人打鬥，造成兩人死亡，二十八人受傷。保安會聯同革命黨人召開會議調解，張海山辭去統制職務，避居鼓浪嶼，王振邦亦有忌憚，不敢擔任統制，保安會電請省垣派員來廈維持秩序。[73]

　　福州局勢底定，孫道仁遣都督府參事員宋淵源兼理安撫事宜。宋氏集合各界代表開會，取消軍政分府，恢復道尹制，改廈門海防廳為民政廳，任原鴻逵為興泉永道、曹春發為司令[74]，並撤銷保安會，另組由十六人組成的參事會議決政事（後華僑莊銀安回國加入參事會，成員增至十七人），交興泉永道執行。[75]茲以曾任參事會秘書的李禧的回憶文字，及田原禎次郎編《清末民初中國官紳人名錄》為藍本，輔以其他參考資料，把新政府重要官員及參事會成員名單表列如下：

新政府重要官員表

職位	姓名	籍貫	出身背景	資料出處
興泉永道	原鴻逵	甘肅省	前清國子監畢業，歷任署理閩縣知縣、廈防分府、惠安縣知縣。	田原禎次郎編：《清末民初中國官紳人名錄》，頁273。

72　鄭權：〈福建光復史略〉，頁349；丘寷兢：〈辛亥革命在廈門〉，《廈門文史資料》第1輯（1963年），頁6；王雲青：〈光復廈門的回憶〉，《廈門文史資料》第18輯（1991年），頁26、31。

73　丘寷兢：〈辛亥革命在廈門〉，《廈門文史資料》第1輯（1963年），頁11-12。

74　李禧、余少文等：〈廈門辛亥革命見聞錄〉，《廈門文史資料》第18輯（1991年），頁15；宋淵源：〈閩省參加革命經歷紀要〉，載中華民國開國五十年文獻編纂委員會編：《中華民國開國五十年文獻》（臺北市：正中書局，1963年），第2編，冊4，頁368。

75　李禧、余少文等：〈廈門辛亥革命見聞錄〉，《廈門文史資料》第18輯（1991年），頁15；《申報》，1911年12月27日。

職位	姓名	籍貫	出身背景	資料出處
司令官	曹春發	湖南省	出身行伍，宣統末年署理福州巡防隊督中協，前水師提督曹志忠之弟。	田原禎次郎編：《清末民初中國官紳人名錄》，頁503。
財政長	葉崇祿（壽堂）	廈門	菲律賓華僑鉅商，經營匯兌、砂糖、雜貨，和海運業，廈門商務總會總理葉崇華之兄。1912年4月因病辭去財政長職務，由其子昭道接任。	田原禎次郎編：《清末民初中國官紳人名錄》，頁604；廈門市地方志編纂委員會辦公室整理：《廈門市志（民國）》，頁643-644。
財政長	葉昭道	廈門	菲律賓華僑鉅商葉崇祿之子，前清監生，曾捐貲充任廣東候補道。	田原禎次郎編：《清末民初中國官紳人名錄》，頁604。
民政廳長	陳文緯		原同安縣長。	李禧、余少文等：〈廈門辛亥革命見聞錄〉，頁15。
副財政長	莊銀安	同安	緬甸華僑，同盟會緬甸分會會長及主盟員。	李禧、余少文等：〈廈門辛亥革命見聞錄〉，頁18；中國社會科學院近代史研究所近代史資料編輯組編：《華僑與辛亥革命》（北京市：中國社會科學出版社，1981），頁175-176。

參事會成員表

姓名	籍貫	年齡	出身背景	資料出處
葉崇祿（壽堂）	廈門	64	菲律賓華僑鉅商，經營匯兌、砂糖、雜貨，和海運業，廈門商務總會總理葉崇華之兄。	田原禎次郎編：《清末民初中國官紳人名錄》，頁604；廈門市地方志編纂委員會辦公室整理：《廈門市志（民國）》，頁643-644。
吳頌三	同安	46	廈門三大姓吳姓族人。	田原禎次郎編：《清末民初中國官紳人名錄》，頁128。
周墨史（殿薰）	廈門	約30多歲	前清舉人，曾任教廈門官立中學堂及充吏部主事。	田原禎次郎編：《清末民初中國官紳人名錄》，頁231；廈門市地方志編纂委員會辦公室整理：《廈門市志（民國）》，頁540。
洪鴻儒	同安	45	前清貢生，諮議局議員，廈門商務總會總理。	田原禎次郎編：《清末民初中國官紳人名錄》，頁302。
陳緯（子挺）	廈門	約30多歲	經營兌換店及茶葉生意，廈門自治會會長。	田原禎次郎編：《清末民初中國官紳人名錄》，頁419。
黃秀烺	廈門	約40多歲	經營匯兌和南洋貿易。	田原禎次郎編：《清末民初中國官紳人名錄》，頁527。
黃瑞坤	廈門	約40多歲	經營匯兌生意。	田原禎次郎編：《清末民初中國官紳人名錄》，頁532。

姓名	籍貫	年齡	出身背景	資料出處
黃鴻翔（幼垣）	廈門	30	革命黨人，出身前清舉人，畢業於日本東京法政大學，曾任《南聲日報》主筆、廈門教育會會長，及福建臨時省議會議員。	田原禎次郎編：《清末民初中國官紳人名錄》，頁539；廈門市地方志編纂委員會辦公室整理：《廈門市志（民國）》，頁558；丘塵兢：〈辛亥革命在廈門〉，頁9、12。
楊景文（子暉）	廈門	33	前清秀才，福建師範學堂簡易科畢業，1908年創辦淘化罐頭食品廠，亦為廈門去毒社社長。	田原禎次郎編：《清末民初中國官紳人名錄》，頁594；廈門市地方志編纂委員會辦公室編：《廈門市志（徵求意見稿）》，卷50，頁181。
黃廷元	廈門	44	經營豆油豆糟販賣，曾領導抵制美貨運動，並向革命黨人捐助100元印刷《圖存編》（即《革命軍》）一書。	田原禎次郎編：《清末民初中國官紳人名錄》，頁525；丘塵兢：〈辛亥革命在廈門〉，頁4、12。
黃約瑟	廈門	約30歲	革命黨人，畢業於英華書院，任職美資三達洋行（即美孚行）書記。	丘塵兢：〈辛亥革命在廈門〉，頁3、12；廈門市地方志編纂委員會辦公室整理：《廈門市志（民國）》，頁619-620。
曾滄舲	？	？	革命黨人，美國領事館職員。	丘塵兢：〈辛亥革命在廈門〉，頁12；王雲青：〈光復廈門的回憶〉，頁26。
傅政（孚伯）	廈門	約60餘	英商德記洋行買辦，曾任商會協	田原禎次郎編：《清末民初中國官紳人名錄》，頁

姓名	籍貫	年齡	出身背景	資料出處
			理。	549-550；廈門總商會、廈門市檔案館編：《廈門商會檔案史料選編》，頁33。
莊銀安	同安	57	緬甸華僑，同盟會緬甸分會會長及主盟員。	李禧、余少文等：〈廈門辛亥革命見聞錄〉，頁15、18；劉德城、周羨穎主編：《福建名人詞典》，頁190。
錢宗漢	？	？	？	李禧、余少文等：〈廈門辛亥革命見聞錄〉，頁15。
許春草	祖籍安溪，生於廈門。	37	出身泥水工人，後轉當建築工程包商，1907年加入同盟會，亦為基督教徒。	李禧、余少文等：〈廈門辛亥革命見聞錄〉，頁15；張聖才：〈廈門辛亥革命的鱗爪〉，《廈門文史資料》，18輯，頁21。
陳天恩	？	？	醫生，亦為革命黨人及商會會員。	李禧、余少文等：〈廈門辛亥革命見聞錄〉，頁15；王雲青：〈光復廈門的回憶〉，頁26。

　　參事會成員除一人出身不明外，革命黨人占六人（占已知出身成員37.5%），其中一人兼為商會會員，商人占八人（占已知出身成員50%），商會成員五人（占已知出身成員31.25%），地方大姓占一人（占已知出身成員6.25%），士紳代表占一人（占已知出身成員6.25%）。廈門商人習慣在營商時使用不同名字，亦因一九一〇年日人調查報告未有將會友名單列入，故商會成員數字實際上可能更多。廈門政府及參事會成員以前清官僚、地方縉紳、

華僑、商人和政見較為溫和的革命黨人為主，原因有四：一為在廈門活動的
革命黨人經內訌事件後盡失人心，都督府有見及此，起用地方縉紳及商會領
導人物穩定局勢。二為革命黨人普遍缺乏政務經驗，且廈門地處閩南要衝，
政務繁重，加上日本素對廈門虎視眈眈，廈門日籍臺民數量眾多，若處理失
當，必招日本干涉，惟有倚靠前清官吏負責實際政務。又革命黨人在廈門並
未擁有一支可靠的武裝力量，省垣駐軍忙於剿平黃濂、蘇億等民眾起事，無
法調派軍隊穩定廈門局勢，惟有依靠孫道仁舊部曹春發維持地方駐軍。[76]三為
都督府領導人物多屬福州人仕，對閩南形勢瞭解不深，稍具經驗的宋淵源，
爾後亦改充福建省臨時議會議長，廈門政務遂交由當地紳商自治。四為都督
府財政匱乏，必須倚賴華僑匯款挹注，故亦有委任若干華僑出任參事員。[77]

　　參事會自成立以來，成員怠於出席會議，逐漸喪失督促地方政務之功能，
最後在一九一二年五月解散。[78]此後福建都督府與廈門商務總會大致上維持良
好關係。福建都督府需要廈門商會協助維持地方稅收穩定，廈門商會成員則
寄望在襄贊革命的過程中，既能保障社會安定，復能促進商人群體利益。在
這種互惠互利情況下，構成兩者合作基礎。革命政權接管廈門之初，面臨嚴
峻財政問題，各署局公款多被清吏捲逃。[79]保安會除推銷革命軍用票外，捐募
鉅款支持參事會警政及民政等改革，馳函海外及天津、上海等地勸捐。[80]此外，
福建都督府忙於鞏固自身統治，無暇重建廈門城市稅收體制，惟有倚靠商會
承擔城市商稅的任務，後者為避免捐蠹剝削，亦樂於承包。以棉線入口為例，

---

76 有關蘇億與黃濂之起事，參周子峰：〈閩省民軍之形成與演變（1912-1926）〉，《國史館
　　館刊》復刊第25期（1998年12月），頁149-150。

77 據顏清湟分析，閩僑對革命政府鞏固關係至大，單是星馬兩地華僑對都督府的捐款已達
　　二十七萬元，見 Yen Ching-hwang, *The Overseas Chinese and the 1911 Revolution* (Kuala
　　Lumpur: Oxford University Press, 1976), pp. 314-317.

78 《振南日報》，1913年6月5日；廈門市地方志編纂委員會辦公室整理：《廈門市志（民國）》
　　《廈門市志（民國）》（北京市：方志出版社，1999年），卷3，頁60。

79 《申報》，1912年1月17日。

80 洪鴻儒：〈本會贊助革命事業紀〉，載廈門總商會編：《廈門總商會特刊》（廈門市：廈門
　　大學圖書館1931年藏本），頁16。

途郊按進口比例向商人徵收入口商稅，轉由商會呈交政府。[81]這種由商會承包商稅的城市稅收體制，成為軍閥割據時期廈門城市稅收體制特點。

　　廈門商會兼理僑務的角色亦有所改變。辛亥革命前夕，華僑對保商局護僑不力已感不滿。一九一一年二月，新加坡中華總商會宣佈華僑不會再向保商局申請護照保護，每名返鄉僑商改將一元的費用繳交半官方的華僑公會，由後者給予保護。[82]次年一月，福建都督府取消保商局，另在廈門設置福建暨南局辦理華僑事務。[83]孫道仁為酬謝商會對都督府支持及補償商會在南洋牌費收入上損失，特撥島美街海關舊址予商會興建會所。新會所在一九一二年八月動工，至次年十二月竣工。[84]

　　廈門商會對革命政府予以財政支持，然絕大多數成員的革命熱情始終有限。此可略從革命經費捐輸及剪辮問題兩事上略窺一二。在革命經費捐輸問題上，辛亥革命為商會帶來經濟困境，革命前商會財政收入全賴南洋照費支持，各行商店捐助所占比重不大。南洋照費例由廈門海關代收，悉將所得存入滙豐銀行，由商會備文提用。光復後稅務司巴爾（W. R. M. 'D. Parr）堅持中立，分文不付，商會無款開支，總理葉崇華惟有請銀行作保，向稅務司商借兩萬元以濟燃眉之急。[85]華僑熱烈接濟廈門革命政府，至一九一二年上旬捐款已達七萬餘元；相反本地商紳未嘗一破慳囊，屢遭華僑指責，對於國民捐一事，反應極其冷淡。一九一二年七月十二日國民捐總會在天仙茶園開會，出席者寥寥可數。[86]其次是剪辮問題。光復伊始，福建都督府通飭行政官吏、

81　"Taxation in Amoy for Municipal Purposes, July 25, 1912," in United States Department of State, *Records of the Department of State Relating to Internal Affairs of China, 1910-1929* (Washington, D.C.: National Archives, National Archives and Records Service, General Services Administration, 1960), reel 98, pp. 3-4.

82　Wellington Chan, Merchants, Mandarins, and Modern Enterprise in Late Ch'ing China, p. 204.

83　福建省檔案館編：《福建華僑檔案史料》（北京市：檔案出版社，1990年），上冊，頁1-2。

84　〈廈門商會建立會場記〉，載龔潔、何丙仲收集整理，何志偉校：《廈門碑銘》（廈門市：廈門市文物管理辦公室，1991年），頁48。

85　《申報》，1912年2月17日。

86　《申報》，1912年2月6日；《南僑日報》，1912年7月18日。

商會、農業會辦事人員悉行剪辮[87]，廈門警察局長劉汝明率革命學生巡邏街道，強行剪去路人髮辮，然參事會竟尚有三分之二人尚未剪去髮辮，參事會共有成員十七人，黨人共有六人，按此比例推算，幾乎所有商會成員未有剪去髮辮，原鴻逵更因晚上有自稱剪髮團者闖入府中，被迫剪去髮辮。[88]

　　事實上，福建都督府財政困絀，加上內部政爭日趨激烈，無法完全滿足商人要求一個穩定政局的期望。[89]都督府宣佈廢除釐金和各項雜稅，豈料光復後出現財政困難，惟有在一九一二年二月二十三日宣佈徵收商捐[90]，惹起廈門商界普遍反感。[91]同時革命後廈門商況未有好轉，市面百業蕭條，山西票莊全部倒閉，夏佈、藥材、紗羅等消費品乏人問津。軍興以來糖棧貨積如山，北方商販因政局不穩，停止糖類入口，對廈商打擊不少[92]，林爾嘉亦暫時返回臺灣避亂。[93]省垣哥老會分子彭壽松專擅閩政，激起「驅彭運動」，榕城士紳與部分革命黨人致電北京政府請求幹預，袁世凱派岑春煊撫閩。岑氏委寓居鼓浪嶼的前清官僚黃培松至廈督辦清鄉，廈門商會遣商團兵弁為嚮導協助，可見商會在態度上已漸漸傾向北京政府。[94]

　　二次革命爆發，福州宣佈獨立。廈埠市面人心惶惶，富戶紛紛搬徙，盜賊乘亂而起，商會建議整頓商團，電請黃培松率軍來廈防衛。[95]未幾革命失敗，

---

87 福州私立光復中學編輯委員會編：《福建辛亥光復史料》（連城市：建國出版社，1940年），頁167。

88 李禧、余少文等：〈廈門辛亥革命見聞錄〉，《廈門文史資料》第18輯（1991年），頁17。

89 有關光復後福建都督府之政爭經過，參周子峰：〈辛亥革命後之福建政局（1912-1914）〉，載胡春惠、周惠民主編：《兩岸三地研究生視野下的近代中國研討會論文集》（臺北市：臺北政治大學歷史學系，2000年），頁377-393。

90 福州私立光復中學編輯委員會編：《福建辛亥光復史料》（連城市：建國出版社，1940年），頁121。

91 范啟龍：〈辛亥革命前後的福建〉，《福建文史資料》第27輯（1991年），頁177-178。

92 《申報》，1912年5月25日，7月5日，8月8日。

93 許雪姬：〈日據時期的板橋林家——一個家族與政治的關係〉，載中央研究院近代史研究所編：《近世家族與政治比較歷史論文集》（臺北市：編者自印，1992年），下冊，頁674。

94 《申報》，1912年10月5日，11月29日。

95 《振南日報》，1913年8月18日。

福州革命黨人如許崇智等紛紛離開福建。一九一三年十月袁世凱令海軍總長劉冠雄率第四師第七旅旅長李厚基，帶同北洋部隊三千餘人自滬赴閩，各機關悉由北軍駐守，十一月二十九日北京政府任李厚基為福建鎮守使，裁去黃培松福建護軍使職務。十二月五日任劉冠雄暫兼福建都督，次日孫道仁離榕赴京[96]，廈門炮臺司令官李心田卻匿居家中。袁世凱密令劉冠雄到廈門誘殺李氏，至此廈門反袁勢力全遭剷除[97]，商會惟有俯首稱臣，聽令於袁世凱政府。

綜觀近代廈門商會之發展，約有下列三個特點：

首先，廈門商會之誕生，是晚清時期國家與地方菁英關係結構性調整的一個環節，亦是近代中國國家與社會間「第三領域」不斷擴張之結果。甲午戰爭後，發展工商實業救亡之言論，已成為民間普遍要求，清廷亦嘗試通過新政改革，應付戰後各種社會危機及維護自身統治地位[98]，這種改革大大地擴充了黃宗智所謂的「第三領域」（The Third Realm）──一種國家與社會間共同參與的中立區域[99]，在此領域內國家與社會絕非純粹的對立或合作，端視乎地區社會經濟結構、官府願意讓地方菁英參與公共事務至何等程度，及地方菁英參政意識之成熟程度三種因素決定，三者互為影響。就廈門商會的案例來看，第二種因素發揮最大作用。

廈門商會成立後，商部參議迫令商會改訂會章，務使商會置於官府控制下，又將從前官府辦理成效欠佳的保商事務交託商會經辦，將商會直接劃歸兼任商政局總辦之興泉永道管轄，由商會負責徵收華僑牌費支付防營兵餉，若干程度上與楊聯陞所謂之傳統「包稅」制度（tax-farming）無異。[100]此種

96　周子峰：〈辛亥革命後之福建政局（1912-1914）〉，載胡春惠、周惠民主編：《兩岸三地研究生視野下的近代中國研討會論文集》（臺北市：臺北政治大學歷史學系，2000年），頁391-392。

97　李禧、余少文等：〈廈門辛亥革命見聞錄〉，《廈門文史資料》第18輯（1991年），頁19-20。

98　朱英、石柏林：《近代中國經濟政策演變史稿》（武漢市：湖北人民出版社，1998年），頁18-19。

99　Philip C. C. Huang, " 'Public Sphere' / 'civil society' in China？ The Third Realm between State and Society," Modern China, 19.2 (Apr. 1993): 216-240.

100　楊聯陞：《中國文化中報、保、包之意義》（香港：中文大學出版社，1987年），頁18。

「官督商辦」正是李興銳所謂「務使官商聯為一氣，實力維持」之實質表現。

其次是晚清時期廈門商會與政府關係非常密切，與近代西方「市民社會」模式出現極大差異。如上所述，商會是一種「由上而下」的改革，與西方「市民社會」團體「由下而上」特點大不相同。廈門商會召開第一次會議，大部分被邀紳商避不出席，顯見廈門商界成員對建立跨業界及跨地緣商業組織並不熱衷。此外，商會無法對違反商會命令的會員或商號作出具體懲治，會務僅倚賴官府支持及幹事間之交誼與財力推行，商會財政經常入不敷支，全賴總理用個人貲財墊付[101]，間接削弱了商會契約規則之會務運作特點。同時商會與官府關係亦難以切割。首先，革命前商會重要領導人差不多全部擁有官銜，屬舊政權下的特權階級，商會總理兼任保商局總辦，商會之半官方組織色彩濃厚。[102]第二，商會正式公文使用的關防刻印由商部頒發，總理與協理任命亦需商部確認[103]，標示著商會的合法性必須由官府賦與，非由商人自主產生。第三是商會收入端賴保商局牌費維持，自然削弱商會與官府交涉中討價還價的能力。廈門商會作為清末新型商業團體，在自願和民主原則諸方面微弱地滲出「市民社會」意味[104]，惟與上海、蘇州等地商會在第三領域的活躍程度比較，顯得相形見絀，反映出晚清時期「市民社會雛形」因應區域差異而出現之不均衡的發展，展現近代中國市民社會發展之特殊路向。

---

101 日本廈門帝國領事館：〈廈門商務總會〉，載日本外務省通商局編：《通商彙纂》（東京都：不二出版，1996年復刻版），冊148，1910年8月號，頁26。

102 如一九〇四年至一九一〇年擔任商會總理的林爾嘉出身臺灣首富林本源家族，許雪姬稱林家性格是「以結交官府及捐貲以取得相對利益」，見氏著：〈日據時期的板橋林家〉，頁663，林爾嘉熱心興辦現代化事業，曾認捐五百萬元，創辦勸業銀行，商部奏請賞為商部二等顧問官，見〈雜俎〉，《東方雜志》第3卷第1期（1906年1月），頁6。一九〇四年任協理的陳綱為菲律賓華僑，生長於馬尼拉，後回國求學，以進士歷保四品京堂，任中國駐菲首任領事，見張存武：《光緒卅一年中美工約風潮》（臺北市：中央研究院近代史研究所，1982年），頁178-179。

103 日本廈門帝國領事館：〈廈門商務總會〉，載日本外務省通商局編：《通商彙纂》（東京都：不二出版，1996年復刻版），冊148，1910年8月號，頁21。

104 有關大陸地區史學界晚清商會與市民社會關係的代表性論述，參朱英：〈關於中國市民社會的幾點商榷意見〉，《中國社會科學季刊（香港）》1994年第5期，頁108-114。

　　其三是商會對激進變革的保守性。不少大陸史家強調資產階級在辛亥革命時期的軟弱性，事實上廈門商會既與舊政權關係密切，要求由舊體制既得利益者組成的商會，透過民主會議程序，主動參加暴力革命推翻舊建制，實在是不可思議之事。「奇貨可居」與「逢迎善變」固然是商會在革命過程中「變臉」的一個有力解釋，然而都市現代化程度之強弱亦能為商會對革命之肆應提出另一個理解視野，城市是近代化變革力量和變革因素大量聚集的焦點，一般來說，近代化變革力量和變革因素聚集越多的城市，革命也就越激烈、深入。[105]晚清時期廈門經濟活動以出入口貿易及商業為主，亦是南洋僑匯集散地，商業消費城市本質至為明顯。傳統商業與舊官僚千絲萬縷的關係，令他們缺乏如上海從事新式生產事業的革命商人般投身革命建立資產階級政權之勇氣，廈門城市經濟繁榮有賴平穩之政經環境促成，政治穩定和維持社會秩序遂成為商會主要考慮因素，促成廈門商會「騎牆派」表現。革命爆發後地方高級官吏相繼逃遁，歸順革命政權已成為避免戰亂唯一出路，故商會領導人洪鴻儒、葉崇華主張「和平易幟」，然因廈門革命黨人堅決主張武力接管軍政機關，致使商會的主觀願望無法達成。

　　在光復地區革命政府建立過程中，大部分城市的革命黨人多與商會建立政治聯盟，但這種聯盟基礎脆弱。革命黨人旨在爭取商人財政支持及民間認受性，商人則希望依附新政府，冀求在政權易手期間保存個人財富及穩定營商環境，若新政府不能滿足商人要求，勢必引起後者之離心力，轉而尋求其他自保方法抵抗革命所帶來的社會混亂，如蘇州商會經「閶門兵變」後，開始暗地支持程德全出任都督及鎮壓激進革命黨人[106]，廣州商人則擴張商團對抗擾亂地方治安的民軍。從廈門商紳與黨人集會地點選擇上，我們可窺見兩者在社會階級成另之差異。商紳假位於鎮邦路的商會議事，按鎮邦路原係二

---

105 隗瀛濤、何一民：〈城市近代化與辛亥革命〉，載中華書局編輯部編：《辛亥革命與近代中國——紀念辛亥革命八十週年國際學術討論會文集》（北京市：中華書局，1994年），下冊，頁858。

106 馬敏、朱英：《傳統與近代的二重變奏——晚清蘇州商會個案研究》（成都市：巴蜀書社，1993年），頁430-431。

十世紀初廈門商業與金融中心，標誌著商紳與金融商業之緊密關係；革命黨人在寮仔后天仙茶園集會討論起義事宜，該地本為女伶演藝、流鶯匪徒混雜之地，黨人在此聚會，其組織成分多為社會低下階層與游離分子亦可想見[107]，黨人組織廈門軍政府亦未見有邀請社會地位較高的黨人（如黃鴻翔）或同情革命的地方商紳（如楊景文和黃廷元）共同合作。兩者對革命之意見分歧，某程度上滲出階級對立意味。宋淵源撫廈後，來自社會低下階層與游離分子的黨人悉被排擠，參事會主要由商人、縉紳、地方大族代表、華僑及社會地位較高的黨人組成，此舉雖削弱革命政府群眾基礎，卻能消弭商紳階層對「暴民政治」的恐懼，滿足其維持現存社會秩序願望。故此福建都督府與由商紳階層組成的廈門商會能保持和諧關係。隨後都督府內部權力鬥爭越演越烈，無暇顧及廈門，故在二次革命前夕，廈門除在財政上向都督府上繳捐稅外，地方事務盡由商會、前清官僚及地方勢力共同處理，至二次革命後孫道仁離閩，廈門始直接歸入袁世凱政府管治。

---

107 《申報》，1905年4月27日。

第七章
民國時期的廈門商會

　　民國肇建，廈門商會會務續有拓展。一九一三年入會商號有四百三十五間，較福州商會入會商號數少三百一十八間，議事員數卻有四十二人（福州商會為十八人），該年會議次數有一百一十七次（福州商會為三十次），議事件數達二〇九件（福州商會為二十四件），商會會務步入黃金時期。但商會財政仍然出現入不敷支狀況，該年收支赤字有一二九六元，顯然需要各議董解囊襄助，延續了商會會務因人成事的特點。[1]一九一四年至一九一六年間閩省政局步入相對穩定時期，廈門商會與袁世凱政權維持良好關係，協助政府推行新政及徵收賦稅。如一九一四年七月道尹孫江東發起募集廈門公益捐，籌款興建巡警教練所及添置水巡船隻，委廈門商會及泗水商會總協理為募捐員負責籌款。[2]一九一五年袁世凱政府推動救國儲金會運動，由地方官府飭各地商紳督辦。商會前任總理葉崇華及現任總理黃慶元，分別擔任廈門救國儲金團事務所正、副幹事，會所附設於廈門商會。商會向各界勸儲，籌得款項四十餘萬元。[3]同年省政府發行印花稅票，折價七折交予商會負責代理發行。後印花稅票價格大漲，商會存票盡被會中當事分購，頗惹外界煩言。[4]事實上袁世凱屬行中央集權政策，亟欲將商會完全置於政府管轄下，絕不效法清廷將地方行政事務（如僑務）托交商會辦理。如一九一五年省政府通飭閩省各地商會，對於官廳行文一律改用「稟」，無疑視商會為地方官廳之下行機關。[5]此

1　〈商會統計〉，載江蘇省商業廳、中國第二歷史檔案館編：《中華民國商業檔案資料匯編》，（北京市：中國商業出版社，1991年），上冊，第1卷，頁96。

2　《振南報》，1914年7月20日。

3　《振南報》，1915年8月2日。

4　《振南報》，1915年10月25日、11月2日。

5　《振南報》，1915年9月13日。此次袁世凱政府頒行之公文程式，引起各地商會激烈反對，

實為清廷與袁氏政府對商會態度之最大歧異處。

廈門商會雖然在政治上態度保守，但大多數成員對帝制運動未敢苟同。一九一五年十一月思明縣知事來玉林到商會召開會議，討論以商會名義拍發電報贊成帝制，大部分會員拒不出席，會議宣佈流產。[6]一九一六年三月，廈門商會奉北京政府農商部命令，改稱廈門總商會，易總理制為會長制。七月商會進行改選，黃慶元和葉孚光分別出任正、副會長。[7]辛亥革命後商會在廈門社會之地位日趨重要，除表現出商會在民初新的歷史條件下，思想認識、組織程度以及自主能力，較諸清末有進一步發展外[8]，實歸因於三個客觀因素使然：

其一是軍紳政權之弱點：帝制運動失敗令福建出現軍閥割據局面。一九一七年六月，李厚基驅逐省長胡瑞霖，集閩省軍民政大權於一身。[9]李氏出身軍旅，具有近代軍人治理國家的兩種先天性弱點：第一是軍隊在技術上缺乏管理現代化社會的政治才能；第二是軍人無法單靠武力維持其統治在民間之認受性。[10]基於上述弱點，軍事獨裁統治實無法長期駕御近代社會日益增長的衝突和矛盾，李厚基為了鞏固統治，需利用地方菁英鞏固治權。廈門地方菁英以商人為主，商會遂成為軍閥政府籠絡對象。一九一七年護法戰爭爆發，李厚基大肆擴軍，需財方殷，亦沒有能力及資源整頓稅收系統增加收入，惟有沿襲晚清慣例，以確保稅收為交換條件，容許廈門商會在地方事務上擁有

尤以上海、吉林、廣州等地商會反應最烈，見朱英：〈論民初商會對新公文程式的抵制〉，《辛亥革命史叢刊》第10輯（1999年），頁128-154。

6　《振南報》，1915年12月17日。

7　洪鴻儒：〈本會沿革〉，頁1；〈各省總商會會長副會長姓名表〉，載江蘇省商業廳、中國第二歷史檔案館編：《中華民國商業檔案資料匯編》（北京市：中國商業出版社，1991年），上冊，第1卷，頁55。

8　朱英：〈從抗爭《商會法》看民初商會的發展〉，《近代中國》第10輯（2000年），頁21。

9　有關李厚基治閩始末，參周子峰：《民國軍閥政治之研究：以福建省為個案（1913-26）》（香港：浸會大學碩士論文，1997年）。

10　參 S. E. Finer, *The Man on Horseback: The Role of the Military in Politics*, 2nd enlarged ed. (London: Penguin Books, 1962) , chapter 4-6.

某程度自主權。

　　其二是商會成員透過個人財富、聲望及參與社會公益活動贏取社會地位，間接增強商會對廈門社會的影響力。此時期商會最重要的領導人當推洪鴻儒。洪鴻儒（1865-1953），字曉春，福建同安縣人，晚清時期曾舉孝廉，光緒三十四年（1904）擔任商會第二屆協理[11]，兼任廈門教育會之職。辛亥革命時期被舉為參議會議員。民國時期歷任商會第六、七及第九屆會長，身兼南洋公會、十途公會等同業組織會長。[12]十九世紀末廈門有所謂「公幫」的落海理貨工人同業組織，一九二〇年洪氏建議將「公幫」改組成「商業益同人公會」，除以落海理貨工人為基本會員外，吸收其他商業人員參加，會員人數約三百多人。「商業益同人公會」自行組織商團，團員由該會會員選任，每人發給制服和手槍，正、副會長林啟成和楊聚才兼任團長及分隊長，組織夜間巡邏維持地方治安。次年該會易名為「廈門益同人公會」，聘洪曉春為名譽會長，組織消防隊，辦理防疫施診、施粥奉茶及賣平價米等社會慈善服務。[13]益同人公會並非商會附屬組織，但因其所舉辦公益活動需商會贊助經費，兩者具有密切關係。在一九二一年海後灘事件中，商會成員聯合各界組成「保全海後灘公民會」，負責向官府施壓及與英方交涉；益同人公會則組織糾察隊，勸導工人不為英國輪船卸貨卸客[14]，通過兩者合作之抗爭活動，迫使英方妥協。商會成員如黃慶元、黃奕仕、林爾嘉等亦有參加其他廈門社會之公益事業（如同善堂和市政會）。[15]可見商會透過成員個人之社會活動，增強對地方社會影響力。

---

11 廈門市商會：〈呈請褒獎前廈門市商會主席洪鴻儒由（1946）〉，廈門市檔案局檔案，全宗34，案卷183，頁8。

12 廈門市商會：〈呈請褒獎前廈門市商會主席洪鴻儒由（1946）〉，廈門市檔案局檔案，全宗34，案卷183，頁9；鄭碧川：〈廈門市國際貿易公會之沿革〉，載廈門市商會編：《廈門市商會復員紀念特刊》（廈門市：編者自印，1947年），頁13。

13 林純仁：〈廈門益同人公會〉，《廈門文史資料》第5輯（1983年），頁70-80；林純仁：〈《益同人公會》一文的補充和訂正〉，《廈門文史資料》第11輯（1986年），頁119。

14 林純仁：〈廈門益同人公會〉，《廈門文史資料》第5輯（1983年），頁71-72。

15 廈門市檔案局、廈門市檔案館編：《近代廈門經濟檔案資料》（廈門市：廈門大學出版社，1997年），頁529。有關市政會之興革，參第四章。

　　其三是商會能在民初社會衝突上擔當仲裁者與調解者的角色。一九一三年一月北京政府制訂〈商事公斷處章程〉，從法制上奠定商會於商業糾紛中的仲裁者地位[16]，商會由是更能名正言順地充當商人間之調停人。如一九二四年六月糖油商人間因爭辦捐稅掀起風潮，商會會長洪鴻儒出面調停。[17]另一方面，廈門民諺有「交官窮，交鬼死」之語[18]，商民平常均不欲與官吏交往，怕被勒索錢財，面對軍閥政權之苛捐雜稅，惟有依賴商會出面交涉，故商會變為商人，甚至社會整體利益之代言人。一九二〇年十二月，漳州商人抗議北軍增徵柴米捐，停運柴米至廈。廈門柴米價格暴漲，商會總理黃慶元電請李厚基撤銷柴米捐，後者未有回覆。十途公會會長洪鴻儒遂召集商人開會討論，出席者達一千五百人以上，黃慶元請求廈門道尹陳培錕親赴漳州疏通。商會表明若李厚基不肯取消柴米捐，願意負擔來廈柴米之捐款。數天後漳州柴米恢復供應，警察廳長易兆雯亦下令禁止抬高售價。[19]通過官商合作，終能解決此次人為的糧食危機。

　　此外，民初社會出現整合危機，新舊思想與利益互相衝突，社會事務日趨繁瑣。軍閥政府自顧不暇，傳統社會調解機制（如長幼尊卑關係和各保保董）亦無力解決複雜社會糾紛。商會具有民間團體的特質，較官府更為適合充任民間衝突的調停人。一九二三年九月廈門發生臺灣籍民與地方大族吳姓衝突事件，日本領事認為應由民間選出委員解決此事。結果中日雙方在商會締訂協議，由潯江家族自治會（由吳姓組成）捐出三千元，商會捐出三千元，臺籍富商捐出八千元為撫恤金，給予衝突中的死者。[20]一九二四年五月，廈門大學因校長林文慶解僱教員問題掀起學潮，林氏最初請求地方軍警驅逐學生離校，軍警不願介入。六月一日廈大發生學生與建築工人毆鬥事件，學生上

16 有關商事公斷處章程，參江蘇省商業廳、中國第二歷史檔案館編：《中華民國商業檔案資料匯編》（北京市：中國商業出版社，1991年），上冊，第1卷，頁134-137。

17 《南鐸日報》，1924年6月20日。

18 吳雅純：《廈門大觀》（廈門市：新綠書店，1947年），頁178。

19 《申報》，1921年1月5日。

20 中村孝志著、卞鳳奎譯：〈廈門之臺灣籍民和三大姓〉，《史聯雜志》第32期（1998年6月），頁102。

街遊行要求各界聲援，四日廈門各界在商會舉行調停會議，由洪鴻儒擔任主席。事件最後以離校學生及教員在上海另立「大夏大學」作結。[21]

　　綜上所述，廈門商會影響力之增長，一方面是地方政權缺乏管理能力，被迫將民間事務管理權下放之結果；另一方面則是由於民初社會所產生的整合危機所致，是故民初廈門商會參與的社會活動日漸繁多。一九一四年商會設立普濟院於東濱社，專門收容流氓、乞丐、散兵游勇和罪犯，因其性質具有懲教功能，兩年後被警察廳收歸辦理，遷入皇帝殿，改名博濟院。[22]廈門商會亦充當華僑與地方公益事業的中間人。一九二〇年商會聯合暨南局、教育會等機關到東南亞募捐教育經費，得印尼僑商黃仲涵、黃奕住等熱心支持，善款委托商會暫存銀行，由廈門各教育機關具函申請。[23]一九二四年五月同安、汕尾分別受到兵災和水災蹂躪，商會與同安救濟會請求新加坡中華總商會助賑。[24]七月閩江上游發生水災，商會召集各界開會討論，議決由商會函請各途商自行開會籌募，善款由商會收集匯往災區。[25]

　　李厚基「軍紳政權」的穩定局面，隨著臧致平割據廈門而結束。一九一三年十一月袁世凱派劉冠雄率北洋軍第十師第十九旅由海道入閩，該旅下轄兩團，其中一團在海上遇難，另一團抵閩後擴編為第十四混成旅，臧致平出任旅長，駐防詔安、平和一帶。[26]一九一七年北洋政府對南方用兵，任臧致平兼汀漳鎮守使[27]，令他協同潮梅鎮守使莫擎宇進窺東江。[28]一九一八年五月孫

21 廈門大學校史編委會編：《廈門大學校史》（廈門市：廈門大學出版社，1990年），第1卷，頁40-51。

22 周一塵：〈思明市公安局博濟院工作概況〉，載福建省思明市政籌備處秘書處編：《思明市政籌備處彙刊》（廈門市：廈門倍文印書館，1933年），頁13-14。

23 《振南報》，1920年3月20日。

24 《南鐸日報》，1924年5月22日。

25 《南鐸日報》，1924年8月9日。

26 洪卜仁：〈臧致平盤踞廈門始末〉，《廈門文史資料》第13輯（1988年），頁1；《申報》，1917年8月8日。

27 中國第二歷史檔案館編：《中華民國史檔案資料匯編》第3輯：〈軍事（一）〉（南京市：江蘇古籍出版社，1991年），上冊，頁626。

28 中國第二歷史檔案館、雲南省檔案館編：《護法運動》（北京市：檔案出版社，1993年），頁585、頁589-590、頁605。

中山令陳炯明的粵軍向閩邊進攻，臧致平部退守廈門，自此變為據地稱雄的地方軍閥。[29]

一九二二年十月王永泉與孫中山的北伐軍，合力推翻李厚基的統治。十一月李氏到廈門策動部下高全忠反攻福州，臧致平煽動兵變驅逐李、高兩人，發表通告自號「閩軍總司令」。[30]臧氏反對孫傳芳獨立，與浙督盧永祥互通聲氣，以廈門作為皖系在閩的反孫據點，軍政開支多仰給於廈門，苛捐雜稅層出不窮。[31]商會變為臧氏的勒索對象。臧氏每月最少向廈門索取三萬元，其他特殊苛索尚未計算在內。[32]一九二三年六月，臧致平要求商會速籌五十萬元，商會召集十途郊商及各保董事討論。議決由各保董調查區內殷戶，按財產多寡分成七等承擔借款。臧氏時常召集商人出席籌款會議，商會會長洪鴻儒不勝其擾，托病閉門謝客，由副會長蔡雨村代理會務，廈門富商爭相避居鼓浪嶼。臧氏採用勒索手段迫商會就範，趁商會會議時強邀黃慶元至其公館，力邀他出任財政局長，黃氏托辭不就，臧氏隨即要求他籌措軍餉十萬元，揚言若「發生意外，恕難負責」，經黃氏懇求下款額減至七萬，限一星期內交出。黃氏迫不得已，決定抽出舊玉屏書院基金一萬元、同善堂基金一萬元，商會負責三萬元，再向富戶勸募兩萬元，湊足七萬元之數。[33]黃弈住在一九三一年提及臧致平時，仍不無憤慨地指出：「商人呻吟憔悴，受衂尤深，數穩而還，

---

29 張醲村：〈護法時期援閩粵軍的建立和援閩戰役的勝利〉，載中國人民政治協商會議全國委員會文史資料研究委員會等編：《孫中山三次在廣東建立政權》（北京市：中國文史出版社，1986年），頁70。

30 陶菊隱：《北洋軍閥統治時期史話》（北京市：生活‧讀書‧新知三聯書店，1983年），冊6，頁190；洪卜仁：〈臧致平盤踞廈門始末〉，《廈門文史資料》第13輯（1988年），頁3。

31 洪卜仁：〈臧致平盤踞廈門始末〉，《廈門文史資料》第13輯（1988年），頁7。

32 "Report on the Political Conditions in the Amoy Consular District, October 1, 1924," in United States, Department of State, *Records of the Department of State Relating to Internal Affairs of China, 1910-29* (Washington, D.C.: National Archives, National Archives and Records Service, General Services Administration, 1960), reel 39, pp. 7-8.

33 《南鐸日報》，1923年6月13日；洪卜仁：〈臧致平盤踞廈門始末〉，《廈門文史資料》第13輯（1988年），頁6-7。

元氣未復」。[34]

　　臧致平竭澤而漁的賦稅政策對廈門地方菁英起了分化作用。其一是鴉片問題。護法戰爭爆發後，李厚基擴軍備戰，縱容麾下在防區內勒種煙苗，由地方紳商承包稅收，臧致平統治時期更變本加厲。民初廈門商會成員承包同安煙稅者大不乏人。[35]同安紳士向北軍用十二萬元承包馬巷煙餉稅收權，事為馬巷紳士阻撓。同安紳士心有不甘，唆使浙軍干涉。洪鴻儒向北軍宣稱馬巷收得煙餉達三十萬元，北軍各軍官向馬巷紳士索得款額二十多萬元，認為數額未如洪氏所言，紛紛向後者追索差額，洪氏不得已避走香港，後回廈交出兩萬餘元了事。未幾北軍主動找洪氏承包馬巷煙稅，答應洪氏用煙稅扣還之前所繳的兩萬餘元，洪氏無奈應允。後李厚基以煙稅作為抵押，向福建銀行借款七十餘萬元，洪氏亦有參與。事為陳嘉庚所悉，於一九二二年十月召集新加坡閩僑開會討論此事，會上陳氏發言痛斥「現商會會長如此行為，吾人豈無軍閥與紳士何」。[36]此後洪氏頗為東南亞僑界輿論詬病，陳嘉庚亦對商會態度若即若離，極少參與廈門商會活動。

　　其次，從二十年代廈門商業行會發展趨向來看，最能推動廈門舊式行會演化成新式同業公會的要素，除部分出自行會內部演化，軍閥之經濟挖榨因素更加直接。臧致平不斷開徵新稅項，舊式行會為增加抵制政府的稅收壓迫，不得不改組成新式同業公會，加強與政府討價還價的力量。廈門經營百貨業的同業公會本稱「蘇廣郊金廣安」，參加者以頂盤商為主。一九二一年莊金章、衛伯芹和楊紹梅等百貨業經營者設立「金廣安雜貨公會」，開放公會會籍，不

34 黃弈住：〈發刊詞三〉，載廈門總商會編：《廈門總商會特刊》（廈門市：廈門大學圖書館1931年藏本），頁3。

35 如據美國領事報告指出，商會副會長蔡雨村承包泉州鴉片稅收活動，見 "Political Report: Amoy Consular District, October, 1925," in United States, Department of State, *Records of the Department of State Relating to Internal Affairs of China, 1910-29* (Washington, D.C.: National Archives, National Archives and Records Service, General Services Administration, 1960), reel 47, p. 7.

36 楊進發編著：《戰前的陳嘉庚言論史料與分析》（新加坡：新加坡南洋學會，1980年），頁64-65。

論頂盤、二盤及零售商均可參加，改用會長制，由黃景星出任會長。該會將原有附設金廣安報關行加強整理，利便同業報關事宜，組織雜貨業體育研究團，在同安路設籃球場，為會員提供正當娛樂。一九二三年增設國語夜學，供同業進修之用。[37]茶葉商亦復如是，臧致平設立「支應局」，任曾少乾為局長開辦茶捐，茶商有感非團結不足以應付軍閥捐蠹，乃於廿四崎頂文圃茶莊內，籌設茶商公會。[38]糖油商亦為抵抗糖捐剝削，於一九二三年組成糖油商業同業公會，與臧氏的財政局洽商撤銷糖稅，改由公會按月補助軍餉二千元。該會並參與公益事業，每年向貧民分發米票三千張，為寒貧子弟提供四百個免費學額。[39]總計一九三〇年廈門同業公會共有四十八個，其中有七個公會在臧氏統治時期創立。[40]自廈門商會成立之初，會務多由錢業與頭盤商壟斷。隨著各途公會的成立及改組，小商人的參政意識日趨增強，如一九二四年六月廈門市政會進行第三屆改選，廈門十途公會對各途郊並無推選會董之權利深感不滿，發出公函爭取選舉權。[41]日後國民黨黨部組成商民協會與商會對抗，吸引不少小商人參加，某程度上亦可視為該種商人階級內部矛盾的擴大與延續。

　　一九二四年四月，臧致平與海軍達成協議，將廈門讓予後者，率軍取道汀州投靠浙督盧永祥。[42]楊樹莊為確保臧軍撤出廈門，通過林知淵、韓福海等人游說洪鴻儒等人向臧軍繳納鉅款，作為開拔經費。[43]十七日海軍陸戰隊登陸

---

37 石定國：〈廈門市百貨商同業公會沿革〉，載廈門市商會編：《廈門市商會復員紀念特刊》（廈門市：編者自印，1947年），頁13。

38 林濟舟：〈廈門市茶商業同業公會沿革〉，載廈門市商會編：《廈門市商會復員紀念特刊》（廈門市：編者自印，1947年），頁14。

39 丁乃揚：〈廈門市糖油商業同業公會沿革〉，載廈門市商會編：《廈門市商會復員紀念特刊》（廈門市：編者自印，1947年），頁16。

40 〈廈門各同業公會一覽〉，載廈門總商會編：《廈門總商會特刊》（廈門市：廈門大學圖書館1931年藏本），頁20-22。

41 《南鐸日報》，1924年7月12日。

42 洪卜仁：〈臧致平盤踞廈門始末〉，《廈門文史資料》第13輯（1988年），頁12；佚名：《閩浙陣中日記》，載榮孟源、章伯鋒主編：《近代稗海》第6輯（成都市：四川人民出版社，1985年），頁470-471。

43 洪卜仁：〈臧致平盤踞廈門始末〉，《廈門文史資料》第13輯（1988年），頁12。

廈門，市內秩序混亂。臧致平麾下將領李寅崇策動舊部七百餘人負隅頑抗，經商會斡旋後投降。商會代表及海軍軍官四人負責收繳槍械，降卒由廈門商會籌款遣散。[44]楊樹莊要求商會須每月籌交六萬元為軍餉。十九日廈門各團體聯名致函海軍，希望准許地方團體在商會內聯合組成財政委員會，自行統辦廈門財政，海軍未有答允。[45]海軍將原來由商會協辦的衛生局直接收歸警察廳辦理。海軍入據廈門，延續臧致平的公賣鴉片政策，在廈門設立海軍支應分局，派鄭汝霖為司長，與廈門地方社會關係並不和諧。[46]一九二四年七月海軍宣佈徵收公安捐濟用捐，二十七日各商途公會宣佈休業抗議，籍民商人亦加入支持，商會召開會議討論，各方意見分歧，未能作出一致決定。[47]八月一日續發生廈港罷市事件。海軍陸戰隊護兵兩人在打石字與麵店店夥爭執，被店夥糾眾圍毆，護兵向附近藥店求助，店東置之不理。陸戰隊旅部拘去藥店東主，廈港店鋪罷市三天抗議。[48]一九二五年九月海軍委前廈門警察廳秘書王孝徽為鋪賈捐局長，王氏派警捕拿抗捐商人，釀成商人再行罷市，商會向司令部提出抗議。至十一月全市罷業抵制。警察廳先後捕去發動罷市的商會會董魏瑞卿與呂天寶，商會議決全體會董辭職，解散商會以示抵抗。陳培錕出面調停，與商會成員會面，代表海軍向全體會董致歉，盼望從此官商和衷共濟。其後司令部將該捐交由商會與司令部派員整理，按原有稅額增加五成徵收，罷市風潮始告平息。[49]從此海軍改弦更張，積極改善與商會關係。林國賡著手主導廈門市政改革，切實整頓廈門治安，任楊燧為警察廳長，與日本領事合

---

44 《南鐸日報》，1924年5月4日、10日、14日。

45 《南鐸日報》，1924年5月15日。

46 《南鐸日報》，1924年6月23日、8月5日。海軍據廈後，多次與商會磋商軍政費問題。海軍司令楊樹莊嘗致函商會，稱「查全廈軍政兩費，極力撙節，月非十萬元不辦，而前兩個月，所收各項捐稅實額，統計僅三萬餘元，……深恐軍需政費，均難支付，地方無可維持」，請商會召開會議討論，見《南鐸日報》，1924年7月16日。

47 《南鐸日報》，1924年8月12日。

48 《南鐸日報》，1924年8月18日。

49 《申報》，1925年11月26日、30日、1926年1月30日；莊金章：〈本會三年來過去之工作〉，載廈門總商會編：《廈門總商會特刊》（廈門市：廈門大學圖書館1931年藏本），頁3。

作打擊日籍臺民之犯罪活動[50]，爭取地方菁英支持。故自一九二六年至一九三二年間，海軍與商會漸次形成唇齒相依之關係，前者整頓治安和興辦廈門市政，滿足商人階級渴求社會穩定之心態；商會則向海軍提供餉款與輿論支持。兩者結成地方資本家與軍人的政治同盟，抵抗來自地方建制以外（如北伐時期的軍閥張毅，及國民政府統治時期的廈門國民黨黨部）的挑戰。

廈門商會與民族主義運動

　　二十世紀是中國民族主義勃興的時代，以抵制帝國主義及爭取國家主權為目標的排外運動此起彼落。商會在民族主義思潮感染下，曾多次參與近代民族運動，尤以抗爭海後灘事件最為激烈。海後灘事件肇因於廈門英租界的擴張。五口通商後中國允許英人租賃廈港水操臺、南教場兩處居住。後英商認為兩地距離碼頭過遠，咸豐元年（1851）英國領事請將島美路起至新路頭劃為租界。光緒二年（1876）英商和記行擅築海灘，美國人出面抗議，中國借此拒絕英人。英商置之不理，加緊修築灘地，砌出路面十餘丈。興泉永道司徒緒請省憲自築公路，於光緒四年（1876）與英方簽訂海後灘條約，規定灘地填築後只能用作公路或碼頭。凡要搭蓋蓬寮，需與英國領事商議，不得有損英商利益。灘地由中國官府委託界內各洋商代為經理。一九〇九年全廈學生因慶祝孔子誕會操，列隊經過海後灘。英國領事謂學生攜帶真槍遊行，恐擾及治安，以後遇有此等遊行，須先期照會，興泉永道劉慶汾予以駁斥，學界聯合抗爭，是為廈門各界抗爭海後灘之開端。[51]

　　一九一八年，北軍與粵軍於廈門隔海對峙。英領事藉詞防衛，令英軍登

---

50 "Political Conditions in South Fukien During the First Four Months of 1925," in United States, Department of State, *Records of the Department of State Relating to Internal Affairs of China, 1910-29* (Washington, D.C.: National Archives, National Archives and Records Service, General Services Administration, 1960), reel 43, p. 8；《南鐸日報》，1924年5月27日。

51 〈本會聯合各社團抗爭海後灘之回顧〉，載廈門總商會編：《廈門總商會特刊》（廈門市：廈門大學圖書館1931年藏本），頁17-18。

岸保護租界。又在租界築起圍牆侵占界外地段及海灘各處，安設鐵門，懸掛「大英租界地，閒人不許亂進」等字樣界牌。廈門學界首先提出抗議，獲商會與教育會支持。英方置之不理。一九二〇年太古洋行復在海後灘填築土地，五月三十一日商會與教育會召集各界討論應付辦法。商會成員黃廷元及教育會會長盧心啟至上海、天津、北京等地爭取支持，廈門各界組織「保全海後灘公民會」抵制太古洋行。民眾情緒漸趨激昂，終引發暴力抗爭。一九二一年十一月十九日早上承攬太古築橋工程的浦東人朱某，在島美路頭被人割去耳朵，太古洋行工人捕去棧橋工頭林在興囚禁毆打，英兵也在太古洋行樓上架炮示威。廈門交涉員向英領繕函抗議。全國學生會、福建同鄉會、學生會各縣聯合會、福建旅滬駐京代表公決新提案六條，強調海後灘屬中國領土，拆除所有接通灘地公路之圍牆，灘地內的英國國旗須移回租界內。[52]一九二二年十月二十一日廈門道尹陳培錕與英領事簽訂〈廈門海後灘案善後辦法合同〉，規定太古洋行修築浮橋跨越中國領海，應向中國政府每年繳納租金二十元。凡華民通過海後灘，若無妨礙洋商貿易，英商不得阻撓，另需拆除公路隘門，把英國國旗移回租界內。[53]英領事欲將英旗豎立於義和洋行旁。公民會以該處為中國公路，再行提出抗議。益同人公會召集會眾晝夜看守，防止英人樹立國旗，英方終把國旗移回英界內。此次交涉成功，實為官（廈門道尹陳培錕）、商紳（廈門商會及教育會）和民（益同人公會）努力之結果，其中以商會的角色最為重要。[54]反映出廈門商人在時代感召下，民族主權意識得到

52　《申報》，1921年12月24日；〈本會聯合各社團抗爭海後灘之回顧〉，載廈門總商會編：《廈門總商會特刊》（廈門市：廈門大學圖書館1931年藏本），頁19-21。林純仁稱割耳事件為益同人公會會員史文賢所為，見氏著：〈廈門益同人公會〉，載廈門總商會編：《廈門總商會特刊》（廈門市：廈門大學圖書館1931年藏本），頁72。

53　〈本會聯合各社團抗爭海後灘之回顧〉，載廈門總商會編：《廈門總商會特刊》（廈門市：廈門大學圖書館1931年藏本），頁21-22。

54　一九二二年二月，英國領事 Eastes 曾在陳培錕面前，指斥他毫無威嚴地「擔當廈門商會與他之間的一名報信者」，見 "Consul Eastes to Sir B. Alston, February 6, 1922," in Kenneth Bourne and D. Cameron Watt ed., *British Documents on Foreign Affairs: Reports and Papers From the Foreign Affairs: Reports and Papers From the Foreign Office*

進一步提高，超越自身階級利益，毅然肩負領導民族運動的重任。最後在中英雙方交涉下，英國終於在一九三〇年十二月放棄租界。[55]

廈門商會在海後灘抗英事件中表現激烈，但在抗日態度上卻表現懦弱。一九一九年五四運動燃起的反日情緒，五月十八日廈門商會和社會人士，組成國民大會聲援學生運動。國民大會號召全廈市民於六月六日罷工罷市。[56]該日上午八時廈門道尹陳培錕、思明縣知事來玉林、警察廳長史廷颺，在商會召開秘密會議討論應付辦法。陳培錕在商會召集商學兩界代表解釋，保證拍電中央以平民憤，並要求商會與教育會分發傳單，促使商人學生復市復課，各界置之不理，至八日罷市行動方告結束。[57]次年五九國恥紀念日，福州各學校及南臺各商罷課罷學，廈門各界了無反應，五月十二日廈門學生分發傳單，號召群眾遊行，被偵探隊長辛桂源發現，將傳單奪去，遊行之事遂告作罷。[58]

廈門五四運動遠不如福州轟烈原因有二：一是廈門商會對抗日運動尚持有保留態度。蓋因不少商會重要成員如林爾嘉和黃慶元等均與日本關係密切，抵制日貨運動無疑會傷害販賣日貨的商會成員利益。[59]加上商會對日態度惟官府馬首是瞻，官府反對排日運動，商會不敢造次。二是正如廖光生指出，

Confidential Print. Bethesda (MD: University Publications of America, 1991), Series E, vol. 26, p. 457.

55 "Mr. Ingram to Dr. Wang, January 28, 1931" in Kenneth Bourne and D. Cameron Watt ed., British Documents on Foreign Affairs: Reports and Papers From the Foreign Affairs: Reports and Papers From the Foreign Office Confidential Print. Bethesda (MD: University Publications of America, 1991), Series E, Part 2, vol. 39, p. 68.

56 廈門總商會（工商聯）編：《廈門商會史》（廈門市：編者自印，2001年），頁333。

57 《振南報》，1919年7月3日；廈門總商會（工商聯）編：《廈門商會史》（廈門市：編者自印，2001年），頁31。

58 《申報》，1920年5月25日。

59 據美國領事報告指出，一九二四年日本聲稱在廈門約有日籍商民五三〇〇人及七五七間店鋪屬該國保護範圍，見 "Report on the Political Conditions in the Amoy Consular District, October 1, 1924," in United States, Department of State, *Records of the Department of State Relating to Internal Affairs of China, 1910-29* (Washington, D.C.: National Archives, National Archives and Records Service, General Services Administration, 1960), reel 39, p. 7.

一九一九年至一九二一年中國抵制洋貨運動的主導權已由商人轉移至學生手上。[60]廈門學生人數遠比福州為少，該地爆發之遊行規模較福州為小亦可想見。

　　此種現象隨著廈門學運及國民黨活動日漸蓬勃而出現改變。一九二一年十二月廈門大學、集美師範部、同文書院等學生受山東交涉案刺激，重組廈門學生聯合會，推動學生救國運動。[61]國民黨亦開始爭奪廈門民族運動之領導權。一九二四年許卓然、丁超五等人撰寫的〈福建省黨務報告〉指出，廈門國民黨人因「友軍」（指臧致平）關係，得以利用《廈聲報》、《民鐘報》、《江聲報》及學校等作為活動機關。一九二三年九月廈門國民黨人設立廈門支部籌備處，加強國民黨在廈門之活動能力。[62]一九二五年爆發的五卅運動，可視為廈門商會喪失城市民眾運動領導權的轉捩點。六月初商會通過罷市決議，獲廈門社會各界響應。商會派出四人參加「廈門國民外交後援會」，國民黨激進派主張對日本和英國進行罷工活動，獲後援會議決通過，商會成員黃奕住更保證罷工者能得到生活津貼。[63]抵制運動對英貨輸入產生鉅大影響，英國油公司降低售價與美商競爭，損失慘重。[64]英日兩國領事分別派人到商會謀求解

60 Kuang-sheng Liao, *Antiforeignism and Modernization in China*, revised and enlarged ed. (Hong Kong: The Chinese University Press, 1990), p. 80.

61 《申報》，1922年1月6日。

62 〈福建省黨務報告〉，載李雲漢主編：《中國國民黨黨務發展史料：中央常務委員會黨務報告》（臺北市：近代中國出版社，1995年），頁33。

63 "Macmurray to Secretary of State, July 31, 1925, in United States, Department of State, *Records of the Department of State Relating to Internal Affairs of China, 1910-29* (Washington, D.C.: National Archives, National Archives and Records Service, General Services Administration, 1960), reel 44, p. 1 ; "Political Situation in Amoy District, August 3, 1925," in United States, Department of State, *Records of the Department of State Relating to Internal Affairs of China, 1910-29* (Washington, D.C.: National Archives, National Archives and Records Service, General Services Administration, 1960), reel 45, p. 1；廈門總商會（工商聯）編：《廈門商會史》（廈門市：編者自印，2001年），頁334。

64 "Political Situation in the Amoy Consular District, February 10, 1926," in United States, Department of State, *Records of the Department of State Relating to Internal Affairs of China, 1910-29* (Washington, D.C.: National Archives, National Archives and Records Service, General Services Administration, 1960), reel 50, p. 3.

決辦法，卻未得要領。[65]其後抵制運動日趨激進，國民黨人許卓然等另組「廈門外交協會」，與後援會爭奪抵制運動之領導權。[66]七月二十七日鼓浪嶼工部局華人秘書黃守曾被人槍擊受傷，次日主張暫緩抵制行動的後援會成員林仲馥，亦被刺殺身亡。[67]兩件事件令後援會內部意見分歧，來自商界的後援會成員，普遍要求撤銷對日本的抵制。英方亦不斷對商會進行遊說工作。八月二十七日益同人公會糾察執行抵制行動時，與運卸英貨的駁船工人毆鬥，導致一名糾察墮海失蹤。後援會議決嚴懲僱用駁船工人的臺民商號，該商號請求商會出面調停，形成商會進退失據之局面。[68]九月十二日後援會撤銷對日貨抵制[69]，隨後主張追究毆鬥案最力的後援會交際股職員張振才遇刺身亡。[70]次年

65 "Political Conditions in the Amoy Consular District, July 10, 1925," in United States, Department of State, *Records of the Department of State Relating to Internal Affairs of China, 1910-29* (Washington, D.C.: National Archives, National Archives and Records Service, General Services Administration, 1960), reel 45, p. 6.

66 《申報》，1925年8月1日。

67 "Political Conditions in the Amoy Consular District, July 29, 1925," in United States, Department of State, *Records of the Department of State Relating to Internal Affairs of China, 1910-29* (Washington, D.C.: National Archives, National Archives and Records Service, General Services Administration, 1960), reel 45, pp. 1-2.事實上，林仲馥被刺案似乎與其暫緩抵制運動主張關係不大。蓋因案發前林氏因接獲多封恐嚇信，在後援會會議上轉為主張依期執行罷工行動，見《申報》，一九二五年八月四日。故此案未必與抵制運動有關，然此案引起廈門商界對暴力事件之反感則可斷言。

68 "Political Situation in the Amoy Consular District, September 1, 1925," in United States, Department of State, *Records of the Department of State Relating to Internal Affairs of China, 1910-29* (Washington, D.C.: National Archives, National Archives and Records Service, General Services Administration, 1960), reel 46, pp. 3-5.至於毆鬥案之善後辦法，後援會議決由該商號捐地興建公益建築，並賠償被毆者損失作結，見《申報》，1925年9月10日。

69 "Resume of Political Conditions in Fukien Province, China, for the year 1925," in United States, Department of State, *Records of the Department of State Relating to Internal Affairs of China, 1910-29* (Washington, D.C.: National Archives, National Archives and Records Service, General Services Administration, 1960), reel 46, p. 11.

70 《申報》，1925年9月21日。

四月對英貨抵制措施亦在海軍壓力下結束。[71]此次事件標示著商人領導民族運動的局限性。廈門商人在民族主義感召下，積極參與抵制運動。隨著民眾情緒日趨激昂，暴力行為逐步升級，與商人和平抗爭的主觀願望南轅北轍。商會成員懼怕因參與抗爭運動，喪失既得經濟利益，再不願站到領導民族運動的前線上。其領導地位亦由國民黨及其他地方社團（如總工會及學生組織）取代。

　　一九二八年廈門排日運動再度復熾。韓籍黃埔軍校學生李箕煥支持韓國獨立運動，素為日人所忌。一九二八年三月二日晚上李氏偕同三名韓籍獨立黨成員，在廈門為日本警察捕去，押至臺灣公會拘禁。次晨廈門國民黨黨部聞報，以日領行為侵犯中國主權，召集民眾團體議決，組成「廈門各界反抗日本侵略國權委員會」，推總工會、商民協會、學生聯合會等團體負責辦理此事，請海軍司令部限令日領二十四小時內交出李氏四人，否則發起對日經濟絕交。[72]二十二日商協、學聯和總工會實行罷工，斷絕廈門和鼓浪嶼交通一天。[73]反日團體派員調查日貨輸入情況，把從事日貨買賣的商人名字刊登在報章上。學生義憤填膺，不斷在街頭公開演講宣傳抗日活動。[74]八月廈門社會出現名為「鋤奸團」的青年組織，向販賣日貨商店投擲炸彈與鳴槍指嚇。黨部通知商會如有店東售賣日貨引起不幸事故，店東應負賠償全責。[75]九月反日團體甚至將販賣日貨的商人囚禁於木籠遊街示眾。[76]黨部希望透過領導抗口運

71 "Political Situation in South Fukien, April 15, 1926," in United States, Department of State, *Records of the Department of State Relating to Internal Affairs of China, 1910-29* (Washington, D.C.: National Archives, National Archives and Records Service, General Services Administration, 1960), reel 51, p. 4.

72 《申報》，1928年3月5日、12日。

73 《申報》，1928年3月23日。

74 "Summary of Events and Conditions in the Amoy Consular District during May, 1928," in United States, Department of State, *Records of the Department of State Relating to Internal Affairs of China, 1910-29* (Washington, D.C.: National Archives, National Archives and Records Service, General Services Administration, 1960), reel 81, p. 3.

75 《申報》，1928年8月13日。

76 "Summary of Events and Conditions in the Amoy Consular District during September, 1928,"

動，奪取海軍手上的地方政權；海軍則極力避免事件擴大，招惹日本派兵干
預。反日抗爭變為廈門國民黨黨部與海軍的政治角力場所。益同人公會向屬
親近商會的民眾團體，但亦有參加黨部組織之「民眾團體聯席會」。為免捲入
政治糾紛，以整頓會務為名，停止派員參與抵制運動。[77]抵制運動既有損商會
部分成員利益，加上商會成員正組織「社團聯合會」與黨部組織的「民眾團
體」（即商民協會、總工會等社團）對抗，商會遂在抗日運動中採取退縮態度，
完全喪失民族主義運動領導權。

國民政府統治下的廈門商會（1927-1937）

　　一九二六年十二月國民革命軍開入福州，隨後閩系海軍宣佈易幟，楊樹莊
出任福建省政府主席，令廈門政商關係出現微妙變化。此後思明縣國民黨黨部
勢力急速擴張，與漳廈海軍司令部及廈門商會鼎足而立，成為三股主導地方政
治的最大勢力。[78]海軍易幟初期，林國賡對南京政府的人事委派異常抗拒。一
九二七年十一月南京政府委任的廈門交涉員張國輝抵廈，代替原由北京政府
所委任的劉光謙。林國賡會晤張氏，表示自己無意作出人事變動，希望張氏
改任福州交涉員，結果為張氏拒絕。[79]海軍司令部與國民黨黨部雖然擁有反共

　　in United States, Department of State, *Records of the Department of State Relating to Internal Affairs of China, 1910-29* (Washington, D.C.: National Archives, National Archives and Records Service, General Services Administration, 1960), reel 81, p. 3.

77　《南洋時報》，1928年11月20日。

78　閩系海軍對國民革命軍的黨代表制度異常抗拒。一九二七年初海軍與蔣介石討論易幟條件，楊樹莊認為最好不在海軍中設置黨代表，如必須設置，人選最好由海軍提出，結果蔣介石委任負責洽商海軍易幟事宜的林知淵出任「海軍總司令部政治部主任兼海軍黨代表」，見林知淵：〈政壇浮生錄〉，《福建文史資料》第22輯（1989年），頁15-16。

79　"Summary of Events and Conditions in the Amoy Consular District during November, 1927," in United States, Department of State, *Records of the Department of State Relating to Internal Affairs of China, 1910-29* (Washington, D.C.: National Archives, National Archives and Records Service, General Services Administration, 1960), reel 81, p. 3.

之相同立場，但在施政方針及利益上均貌合神離，形成日後衝突的伏線。[80]

　　國民政府統治初期，商會即遭到財政上的苛索、工人運動及來自商民協會的挑戰。北伐軍入閩之初，何應欽派員到廈籌借軍費，廈門商會向各銀行借撥二十萬元接濟。後國民政府福建省財務委員會派借款專員許卓然和陳君亮到商會，商借北伐費三十萬元，商會即日向各銀行錢莊借款交清，一九二八年春商會再度籌募五千元贊助北伐軍費。[81]

　　工人運動方面，二十年代中期以後，廈門工人意識日漸成長，勞資關係日趨緊張，傳統協調機制逐漸失去效用，使商會喪失作為商界勞資雙方利益代表者之地位。北伐刺激廈門工運發展，一九二六年十一月廈門電廠工人發動罷工，全市停止電力供應，電廠最後答允勞方加薪要求。[82]自此海員工會、綢佈業、皮鞋、電氣工人相繼罷工，對資方構成極大壓力。[83]在中共黨員指導下，廈門總工會於一九二七年一月成立，至四月清黨事件爆發前，總工會下轄基層工會達二十三個，會員人數有兩萬多人。[84]一九二七年四月三日蔣介石

80　林國賡與黨部的衝突，同樣亦反映在對周醒南的任用問題上。周氏策劃廈門市政建設，深得前者器重，國民黨廈門黨部籌備處主任李漢青則對周氏充滿敵意。周氏曾參與陳炯明的漳州市政建設，一九二六年李漢青及公安局一署署長王宗世以此為藉口，主張逮捕周氏，幸得陳培錕與林國賡支持方告無事。林國賡為免黨部非議，僅任命周氏為堤工處顧問，工程卻完全交由周氏主持，見郭景村：〈廈門開闢新區見聞（1926-1933年）〉，頁78。

81　洪鴻儒：〈本會贊助革命事業紀〉，載廈門總商會編：《廈門總商會特刊》（廈門市：廈門大學圖書館1931年藏本），頁16。

82　陸舟、發奎、木桂、志偉：〈大革命時期廈門工人運動〉，載廈門市總工會編：《紀念廈門總工會成立六十週年專刊》（廈門市：編者自印，1987年），頁63。

83　陸舟、發奎、木桂、志偉：〈大革命時期廈門工人運動〉，載廈門市總工會編：《紀念廈門總工會成立六十週年專刊》（廈門市：編者自印，1987年），頁63-64；翁偉、連璜：〈楊世寧烈士傳記〉，載廈門市總工會編：《紀念廈門總工會成立六十週年專刊》（廈門市：編者自印，1987年），頁139。

84　陸舟、發奎、木桂、志偉：〈大革命時期廈門工人運動〉，載廈門市總工會編：《紀念廈門總工會成立六十週年專刊》（廈門市：編者自印，1987年），頁60。總工會成立後，廈門工運發展更如火如荼。不少工會向僱主提出相當激進的要求。如店員工會要求綢佈商按等加薪，所有店員月薪五元以上者，年終須酬給五十元，遞增至五十元者年酬四百元。

發動清黨，九日國民黨廈門黨部書記李漢青，聯同林國賡遣兵包圍廈門總工
會，逮捕領導人羅揚才和楊世寧，五月押往福州處決。四月十日早上李漢青
與許春草領導的建築公會，在浮嶼角召開「擁蔣護黨大會」，宣佈禁止工人罷
工，違者格殺勿論，派海軍陸戰隊搜捕共產黨人和親共分子。[85]

　　海軍與國民黨黨部聯手扼殺親共工會，卻未能阻止廈門勞資關係的繼續
惡化。一九二八淘化大同公司發生工潮，廈門黨部介入事件，召集黨政各界
開仲裁會，議決淘化恢復聘用辭職工人平息風潮。[86]十月商會與駁船工會發生
糾紛。事緣一九二六年駁船工會要求加薪百分之五十，商會召集各途與工會
討論，討價還價後准予增加百分之二十五。駁船工會代表集資購置舊汽輪營
業牟利，豈料生意失敗，駁船工會請商會酌加補助，商會議決准工會增加運
費大洋五角四個月，彌補投資損失[87]，四個月後工會要求維持增加運費，為商
會拒絕。駁船工會復向商會要求增加百分之五十運費，不為商會接納，前者
遂聯同碼頭工會及海員分會舉行罷工，各工會聯席會組織之工會救濟會援助
罷工工人，變為工商對抗的形勢。水果業公會欲向太古躉船起卸水果，為碼
頭工人強行制止，商會請求政府嚴懲唆使罷工之陳冠生、王寬德等人，責成
駁船工會賠償各途商損失。[88]最後林國賡召集各工會磋商，駁船工人始恢復工
作。[89]此事標示廈門勞資對立趨向日益明顯，削弱了從前商會協調勞資矛盾的
中立地位。一九三〇年三月南京政府頒佈〈勞資爭議處理法〉，規定勞資糾紛

此項酬金，無論店主贏虧，均須照給，惹起商界反感。金銀工人要求加薪改良待遇不遂，
銀樓被工人於罷工時攜去金銀器值數萬元，聲言如店主承認條件，始能交還。見《申報》，
1927年4月17日。

85　陸舟、發奎、木桂、志偉：〈大革命時期廈門工人運動〉，載廈門市總工會編：《紀念廈
門總工會成立六十週年專刊》（廈門市：編者自印，1987年），頁66-9；翁偉、連璜：〈楊
世寧烈士傳記〉，載廈門市總工會編：《紀念廈門總工會成立六十週年專刊》（廈門市：
編者自印，1987年），頁140。

86　《申報》，1928年2月22日。

87　廈門總商會編：《廈門總商會特刊》（廈門市：廈門大學圖書館1931年藏本），頁24-25。

88　《申報》，1928年11月4日；廈門總商會編：《廈門總商會特刊》（廈門市：廈門大學圖書
館1931年藏本），頁25-26。

89　《申報》，1928年10月26日。

需由政府、黨部、地方法院及勞資雙方代表所組成之仲裁委員會處理，完全奪去商會調解勞資糾紛之權力。[90]

商民協會源於一九二六年一月中國國民黨第二次全國代表大會通過的〈商民運動決議案〉，張亦工指出該會是「輔助國民革命的外圍政治動員組織」。隨著國民黨武力所到之處，各地商民協會相繼在黨部指導下成立[91]，刺激廈門各途自行組織本身同業公會的意欲。一九二六年至一九二八年間廈門共有十個同業公會組成。[92]一九二七年四月廈門清黨運動後，商民協會與總商會方面之各行商，召開聯席會議討論合作。各行商要求各行以團體名義加入商民協會，商協以違反中央總章予以拒絕，但容許各商自組商協之各行商分會。[93]黨部強借商會作為臨時會所，商會舉行會議，竟要先向黨部商借會議場地，引起會董不滿，發出公函索還。[94]部分國民黨人指斥「商會為土豪劣紳買辦階級」，要求取消商會，由商民協會取代，使兩者處於對立狀態。[95]商會為扭轉劣勢，除在態度上更加靠攏海軍，組織「廈門各社團聯合會」對抗黨部領導的「民眾團體」外[96]，一方面強化其固有的社會功能，向民間強調其存在意義。其措施有五：

其一為設立商事公斷處：廈門商會為調解商事糾紛，特設商事公斷處為仲裁機關，先後處理天一信局、積金、德春等號債務糾紛，南洋公會與六和

---

90 〈勞資爭議處理法〉，載廈門總商會編：《廈門總商會特刊》（廈門市：廈門大學圖書館1931年藏本），頁103-105。

91 張亦工：〈商民協會初探〉，《歷史研究》1992年第3期，頁41。西方學界有關上海商民協會之研究，參 Joseph Fewsmith, *Party, State, and Local Elites in Republican China: Merchant Organizations and Politics in Shanghai, 1890-1930* (Honolulu: University of Hawaii Press, 1985), pp. 115-166.

92 〈廈門各同業公會一覽〉，載廈門總商會編：《廈門總商會特刊》（廈門市：廈門大學圖書館1931年藏本），頁20-22。

93 《申報》，1927年4月27日。

94 《南洋時報》，1928年3月22日。

95 莊金章：〈本會三年來過去之工作〉，載廈門總商會編：《廈門總商會特刊》（廈門市：廈門大學圖書館1931年藏本），頁1。

96 《南洋時報》，1928年11月30日。

公司爭執等二十一案。

其二為維持市面金融：一九二八年四月廈門建通、積金等錢莊相繼倒閉，引起金融恐慌，商會召集全體執監委員及各業公會代表，討論維持辦法，由商會函請各銀行抵押不動產，以資救濟維持。

其三為反對苛捐雜稅：國民黨入閩之初，為彌補龐大軍費支出，除維持舊有苛捐雜稅外，另開徵新稅項目，廈門商會據理力爭，先後呈請財政部及福建省政府撤銷。總計自一九二八年至一九三〇年間，商會曾就十三種新增稅項提出抗議。

其四是救濟米荒。一九二九年冬駐漳軍隊，重設米捐局徵收米稅。廈市米價暴漲，平民生活大受影響。商會請師長張貞取消米捐，函請廈門海關監督及思明縣政府禁止米糧出口，米價旋即遞降，民食治安兩蒙其利。

其五是商會對外採取更積極態度迎合日漸澎湃的國貨運動，函請全國商會聯合會通告各地商會，一致倡用國佈國煙國酒，並通告各業公會倡用國貨。[97]

商會能在與商民協會的鬥爭中存活下來，固然是由於後者欠缺商會雄厚的經濟實力和社會基礎，更重要的是商會的最大盟友——海軍系，在與黨部的權力鬥爭中取得勝利。一九二七年國民黨黨部指控周醒南為陳炯明黨羽，主張予以逮捕。周醒南為海軍推行的市政建設運動之實際策劃者，林國賡勃然大怒，要求市黨部以後不得干政，並取消黨部組成的「市政促進會」。黨部拒絕取消「市政促進會」。[98]一九二八年四月，林國賡要求黨部決策委員會辭職，迫使南京政府向省主席楊樹莊承諾，福州及廈門地方政府可對當地黨部保有適當控制權。林國賡表面上對外宣稱與廈門黨部合作愉快，骨子裡卻施壓暫停黨部及工會抵制日貨活動。地方報章輿論亦轉而攻擊黨部籌委李漢青。[99]李

---

97 莊金章：〈本會三年來過去之工作〉，載廈門總商會編：《廈門總商會特刊》（廈門市：廈門大學圖書館1931年藏本），頁1-4。

98 《申報》，1927年9月14日。

99 "Summary of Events and Conditions in the Amoy Consular District during April, 1928," in United States, Department of State, *Records of the Department of State Relating to Internal Affairs of China, 1910-29* (Washington, D.C.: National Archives, National Archives and Records Service, General Services Administration, 1960), reel 81, pp. 2-3.

漢青等遂將攻擊矛頭指向商會成員所組成的市政會身上。八月海軍司令部不
理商會反對，突然宣佈接收市政會，另組臨時路政辦事處負責路政工程。李
漢青等逕行運動民眾團體組織「廈市路政臨時參議會」，揚言監察海軍司令部
路政施工情況。[100]商民協會亦提出廢除公安濟用捐等建議。[101]黨部於一九二
九年九月組織「思明各界公用事業改善委員會」，議決要求降低電費、公共汽
車收費，及取消北伐附加捐。公安濟用捐和北伐附加捐，皆屬由海軍司令部
控制的廈門公安局收入來源，林國賡視此為黨部對他的直接挑釁。電燈與汽
車兩公司向林國賡投訴，後者召見黨指導委員康紹周、陳聯芬二人，勸告委
員會停止議案被拒。林國賡採殺雞儆猴方法，在會議時派公安局偵探拘捕商
民協會成員陳嘆生。[102]陳氏獲釋後，部分國民黨黨員上書省指導委員，投訴
公安局長林煥章「蔑視黨權」和「摧殘黨務」，事件卻不了了之。[103]至一九三
〇年二月，國民黨宣佈限期撤銷各地商民協會。[104]商會雖表面上取得勝利，
但並不代表南京政府放棄控制商會的企圖，南京政府實施的新商會法，正可
說明一切。

　　一九二八年廈門商會依照中華民國全國聯合會改組大綱進行改組。[105]次
年八月南京政府頒佈〈商會法〉，重新劃定商會職能，規定商會會員分為公會
會員及商店會員，公會會員之代表由該同業公會舉派，由是商會會章再度出
垷修改。與一九一〇年〈廈門商務總會改良規定〉比較，一九二〇年廈門總
商會〈本會現章〉出現下列幾點不同處：

　　在宗旨上，新會章加入「提倡國貨」和「振興實業」兩大條文，明顯是

---

100 《南洋時報》，1928年9月14日、18日、25日；《申報》，1928年8月30日。司令部接收市
　　政會，引起兼任市政會會董的商會成員不滿，遷怒於李漢青。1928年8月30日，商會聯
　　同廈門社會六十二個團體，發電謂李漢青「操縱社團，假造民意」，可見黨部與商會之
　　關係勢成水火，見《申報》，1928年8月31日。

101 《南洋時報》，1928年11月15日。

102 《南洋時報》，1929年9月14日、11月19日、12月30日。

103 《南洋時報》，1929年12月30日。

104 張亦工：〈商民協會初探〉，《歷史研究》1992年第3期，頁52。

105 《南洋時報》，1928年5月2日。

迎合了二十年代中國商界「國貨運動」的潮流。[106]

會務方面。一九一〇年的〈改良規定〉指定商會具有維持公益，改良商規，調停紛議和代表同業向官府申訴的功能，一九三〇年的〈現章〉把改良商規及代表同業向官府申訴的條文刪去，加入「辦理商品查驗及商事公告事項」，及「辦理其他商業上一切興利除弊事項」。商會明顯變為協助政府辦理地方經濟事務的機關，自主性備受削弱。

組織方面。一九一〇年的〈改良規定〉設有會友制度，一九三〇年的〈現章〉則加以取消。前者採議董制，由總理、協理及議董主理會務。後者實行委員會及主席團領導制。一九三〇年商會下設常務、執行、監察三個委員會。常務委員會有委員七人，包括主席委員三人，負責執行日常會務，有延聘及辭退辦事人之權。執行委員會有委員四十九人，有執行一切會務之權。監察委員會有委員二十三人，「有策進及糾正一切會務之權」。

會員資格方面。一九一〇年的〈改良規定〉規定會員年齡在二十歲以上，在廈門營業利潤每年五百元以上者方可擁有選舉權。一九三〇年的〈現章〉則刪除了財富限制的條文，但規定凡「有外國籍者」不得充任商會會員。[107]該條文的施行，把擁有外國國籍的商人悉數剔出會員名單外，不少在廈的籍民富商（如吳薀甫）及買辦（如陳學海）均被摒棄在商會門外。該條款客觀上對廈門商人階級造成內部分化，使商會逐步喪失調解商人內部矛盾之社會功能（如日籍商人與本地商人之商業糾紛）。

幹事選舉方面。〈現章〉規定委員會由「分業單選法」產生，即由廈門各同業公會選出委員七十二人。常務委員由執行委員互選產生，主席委員由常務委員互選。執行、監察委員會如遇出缺，應由各業補選。各業委員分配額由執監聯席會於未選舉前揭示。各委員選定後，需由地方最高行政長官轉呈

106 〈本會現章〉，載廈門總商會編：《廈門總商會特刊》（廈門市：廈門大學圖書館1931年藏本），頁1。

107 〈本會現章〉，載廈門總商會編：《廈門總商會特刊》（廈門市：廈門大學圖書館1931年藏本），頁2。

工商部備案。[108]

　　茲將一九三〇年廈門各公會所占商會會員人數與比例表列如下：

同業公會名稱	商會代表人數	所占商會會員比例（%）
麵粉	21	5.69
綢佈	15	4.07
火柴	8	2.17
魚業	8	2.17
清潔	8	2.17
米郊	4	1.08
南洋商業	21	5.69
新醫藥	4	1.08
穀產	8	2.17
典途	8	2.17
糕餅	13	3.52
雜貨	18	4.88
肥粉	11	2.98
紙途	9	2.44
棉紗	12	3.25
糖油	11	2.98
豬行	4	1.08
藥業	14	3.79
錢莊	20	5.42
顏料	2	0.54

108　〈本會現章〉，載廈門總商會編：《廈門總商會特刊》（廈門市：廈門大學圖書館1931年藏本），頁1-4。

同業公會名稱	商會代表人數	所占商會會員比例（%）
木商	17	4.61
海產	7	1.90
珠寶	19	5.15
北郊	3	0.81
運輸汽車	2	0.54
岷棧	21	5.69
香滬商業	3	0.81
酒途	7	1.90
菸酒	8	2.71
魚商	10	2.71
航業	5	1.36
屠宰	14	3.79
水果	9	2.44
照相	4	1.08
華僑銀信業	7	1.90
泉郊	3	0.81
個別企業代表	11	2.98
總數	369	約100

資料出自〈本會會員一覽〉，載廈門總商會編：《廈門總商會特刊》（廈門市：廈門大學圖書館1931年藏本），頁6-14。

　　從上表可以發現一九三〇年商會會員之業緣分佈出現鉅大變動。商會內之同業公會代表可分五類。第一類是金融業：包括典途、錢莊、華僑銀信業三個公會，共有三十五名代表，占商會會員比例百分之九點四九。第二類是貿易業：包括綢佈、火柴、雜貨、棉紗等十一個公會，共有一百二十二名代表，占會員比例百分之三十三點六。第三類是郊商：包括米郊、紙途、北郊

和泉郊四個公會，共有十九名代表，占會員比例百分之五點一五。第四類是
服務業：包括清潔、藥業、運輸汽車、岷棧等八個公會，共有七十七名代表，
占會員比例百分之二十點八七。第五類是糧食業：包括豬行、海產、魚商、
屠宰等十個公會，共有一○五名代表，占會員比例百分之二十八點四六。上
述之代表分佈表現幾個事實：其一是此次改組大致是按從業人員多寡，決定
各公會的商會代表數量，有助調和大資本家與小商人之矛盾。其二是打破金
融業資本家壟斷商會領導階層的局面。一九三○年以前歷任商會總理及會
長，大多數是金融業店東（如林爾嘉、葉崇華、黃慶元和黃奕住）。一九一○
年商會會員亦以金融業為主。至一九三○年商會的金融業會員比例僅得百分
之九點四九，再不能如從前般壟斷會務。其三是標志著舊式郊商同業公會的
沒落。此類公會僅占會員比例百分之五點一五，再無法在商會會務上占有重
要地位。

　　至於執監兩委員會之人選，茲列表說明如下：

姓名	職務	年齡	籍貫	職業及其地位
洪鴻儒	常務委員兼主席	66	同安	南洋商業號東
陳瑞清	常務委員兼主席	46	思明	火柴業號東
黃奕住	常務委員兼主席	65	南安	錢業號東
黃瑞甫	常務委員	47	南安	麵粉業經理
楊輝煌	常務委員	42	晉江	綢佈業號東
莊金章	常務委員	42	思明	雜貨業股東
陳極星	常務委員	30	思明	海產業
劉振聲	執行委員	36	思明	南洋商業經理
曾鑑堂	執行委員	44	思明	紙郊業號東
李文學	執行委員	44	同安	綢佈業經理
石鼎宗	執行委員	37	思明	綢佈業經理
陳福星	執行委員	37	思明	綢佈業經理

姓名	職務	年齡	籍貫	職業及其地位
吳宗暉	執行委員	55	同安	麵粉業號東
吳祐	執行委員	44	思明	糖業號東
王炳南	執行委員	48	青浦	香滬商業經理
蔡承德	執行委員	60	福安	糖業號東
魏英才	執行委員	30	思明	香滬商業經理
呂錦樹	執行委員	43	南安	雜貨業經理
陳祁賢	執行委員	57	永春	雜貨業經理
楊玉光	執行委員	40	思明	珠寶業號東
林永年	執行委員	30	安溪	茶業號東
黃友杰	執行委員	37	南安	火柴業經理
林淑朝	執行委員	62	安溪	綿紗業經理
王登雲	執行委員	45	晉江	珠寶業號東
葉清照	執行委員	42	同安	肥粉葉經理
洪鼎臣	執行委員	60	同安	杉木業號東
陳益寶	執行委員	45	惠安	雜貨業號東
翁吉人	執行委員	48	安溪	麵粉業號東
林明洲	執行委員	45	同安	紙業號東
陳美弦	執行委員	61	同安	屠宰業號東
呂俊明	執行委員	50	同安	屠宰業號東
巫如珊	執行委員	38	永定	顏料業經理
胡鎰金	執行委員	43	思明	水果業號東
蔣良圖	執行委員	55	思明	魚行號東
郭春發	執行委員	48	惠安	魚業號東
王麗明	執行委員	51	龍溪	西藥業經理
陳耀鋸	執行委員	35	思明	電燈公司經理

姓名	職務	年齡	籍貫	職業及其地位
周壽松	執行委員	43	思明	自來水公司經理
洪龍騰	執行委員	43	思明	香滬商業經理
許經果	執行委員	48	晉江	客棧業號東
吳雪六	執行委員	55	思明	海產業號東
何遠屏	執行委員	53	廣東中山	菸草業經理
紀錦庭	執行委員	40	同安	豬行號東
陳耀堂	執行委員	68	思明	酒業經理
柯孝昌	監察委員	39	思明	銀行業
魏瑞卿	監察委員	58	安溪	珠寶業號東
吳時漢	監察委員	46	思明	錢業經理
余道生	監察委員	43	思明	錢業經理
陳世勛	監察委員	67	晉江	糖業號東
陳頤堂	監察委員	53	思明	銀行襄理
劉松雲	監察委員	39	思明	銀行業經理
許朝陽	監察委員	59	同安	魚行號東
楊景文	監察委員	54	南安	大同淘化公司股東
陳國驅	監察委員	45	思明	典業經理
吳乾元	監察委員	62	南安	南洋商業號東
黃植庭	監察委員	55	同安	南洋商業號東
陳清波	監察委員	54	思明	典業經理
楊秉杰	監察委員	43	龍溪	錢業經理
余篆三	監察委員	54	龍溪	藥材業經理
吳純波	監察委員	57	同安	米業經理
林啟成	監察委員	39	安溪	麵粉業

姓名	職務	年齡	籍貫	職業及其地位
葉如松	監察委員	62	思明	南洋商業經理
汪筱巖	監察委員	42	思明	麵粉業經理
林祝三	監察委員	26	思明	錢業號東
陳寶甫	監察委員	39	思明	錢業經理
戴蒸然	監察委員	42	思明	電話公司
翁朝言	監察委員	61	思明	屠宰業

資料出自〈本會執監委員履歷表〉，載廈門總商會編：《廈門總商會特刊》（廈門市：廈門大學圖書館1931年藏本），頁1-5。

　　從上列的名單來看，商會的執監會委員顯示出兩個事實：第一是此名單標誌著商會與商民協會鬥爭之勝利。一九三〇年廈門商會的三名會長，均是改組前商會的重要成員，可見商會的領導階層未有太大改變。

　　第二是從商會執監委員會的職業來看，同樣證明上文有關金融業失去商會領導地位的觀點。常務委員經營事業以消費品、糧食、錢莊和東南亞貿易為主，並無任何常務委員從事銀行事業或新式公用事業。執行委員方面，成員從事業務門類較為廣泛，包括銀行、自來水公司及電燈公司等新式企業。

　　第三是廈門商會仍然保有其閩南人社團之特性。常務委員共七人，平均年齡是四十八點二九歲，籍貫思明者三人，同安一人，南安兩人，晉江一人，全部俱為閩南人。執行委員共三十七人，平均年齡是四十六點四九歲，籍貫思明者十六人，同安七人，青浦一人，南安兩人，永春一人，安溪三人，晉江兩人，惠安兩人，永定一人，龍溪一人，廣東中山一人。監察委員共二十三人，平均年齡是四十九點五二歲，籍貫思明者十三人，同安三人，安溪兩人，晉江一人，南安兩人，龍溪一人，成員均為閩南人。

　　一九三〇年代廈門商會對社會影響力之下降，固然與國民政府統治時期國家機能的擴張關係密切，然而廈門社會矛盾日益深化，也是導致此現象產生之另一因素。近代廈門與東南亞華僑經濟關係密切，一九三〇年東南亞經濟衰退，廈門亦難獨善其身，形成各類社會矛盾。此種社會矛盾牽涉廣泛，

民間組織無法妥善處理。一九三〇年大量僑資湧入廈門地產事業，房產價格暴漲。業主將樓宇租值定於百分之十至百分之十八之間，租戶因市況繁榮，願意高價承租。一九三二年起廈門市況衰敗，若干店鋪收益不足支付租金，遂有商戶發起減租運動，組成佃戶聯合會，業主不甘示弱，組成業主聯合會相抗。商會成員多為大業主，不宜出面處理糾紛，故思明市政籌備處強制解散各業主和佃戶聯合會，另組思明市處理房租爭議事件委員會，處理仲裁問題，規定租金不可超過該房屋估定總價年息之百分之十二。若當事人不服從仲裁結果，由市政籌備處強制執行。[109]廈門司法機關的功能日趨完善，也取代了商會處理商界債務糾紛仲裁者之角色。一九二〇年代末期廈門商界有關破產糾紛，負債者資產普遍由債權人委商會處理。[110]一九三〇年代中期以後，商界債務問題統歸法院處理。如一九三六年十一月十一日《江聲報》刊載當地民刑案件十一起，其中六起涉及錢債糾紛，法院判決將負債者資產拍賣。[111]清末民初以來商會處於國家與民眾之間的仲介者地位，至此蕩然無存。

　　一九三二年十九路軍入閩，結束海軍主理閩政的局面。一九三二年十二月曾任蔡廷鍇秘書的林鴻飛接任廈門公安局局長。次年一月漳廈警備司令部亦被撤銷，林國賡僅任廈門要港司令。[112]十九路軍入閩後積極擴軍，商會失去海軍保護，再度遭受軍政當局財政苛索。商會委員嚴焰被拘事件，最能反映商會所處困境。一九三三年財政廳擬將廈門營業稅增加百分之四十，嚴焰身兼商會執委及汽車同業工會主席，因煤油營業稅關乎同業利益而反對。二

109 福建省思明市政籌備處秘書處編：《思明市政籌備處彙刊》（廈門市：廈門倍文印書館，1933年），頁2-3。該會共處理租務糾紛一百一十九宗，見同上書，頁62-70。

110 如一九二七年天一信局倒閉，債權人在廈門商會討論債務問題。次年各債權人得悉該信局，尚有已抵押與華僑銀行的店屋兩座。債權人委商會函請華僑銀行將店屋變賣，扣除銀行應得款項後，餘款歸商會分攤各債權人，見《南洋時報》，1928年4月4日。

111 《江聲報》，1936年11月11日。

112 "Summary of Events and Condition: Amoy Consular District--December, 1932," in *Confidential U. S. State Department Central Files: China Internal Affairs, 1930-1939.* Frederick, (Md.: University Publications of America，1984), reel 20, p. 2；《申報》，1933年1月14日。

月十九日省政府主席蔣光鼐令公安局長林鴻飛扣留嚴氏。商會立刻開會討論援助，當日下午二時全市商店罷市，商會及各途商代表在廈禾路召開市民代表大會，推莊金章等謁見林鴻飛，要求無條件釋放嚴氏，汽車同業公會亦罷駛抗議。下午四時許公安局釋放嚴氏，商會代表宣稱為無條件釋放，然林鴻飛卻對《江聲報》記者謂商會代表答允釋放嚴氏後，日內由汽車同業工會函局承認煤油營業稅，在財政廳未有明令撤銷以前，各商應依章繳納，不再有抗稅事情。[113]

一九三三年十九路軍發動閩變前夕，蔣光鼐下令嚴促加緊徵稅，如承包商及納稅人藉端拖欠，必須拘案押追。[114]十二月人民革命政府為爭取商人支持，召集廈門、泉州、龍岩各地商會出席談話會。會上政府委員宣稱「工商同等保護，不致赤化」，試圖平息商會對工會勢力膨脹之恐懼。一九三四年一月，人民政府覆滅前夕，強向廈門商會索借六十萬元，由公安局飭商會籌措，限七天內繳齊。[115]

一九三四年閩變結束，中央軍入閩，國民政府任陳儀為省政府主席，設立「廈門特種公安局」，性質與臨時市政府相近，委王固磐任公安局長兼任思明縣長。[116]陳儀任內刷新閩政，其重要措施即為加強省垣對地方之控制，商會獨立性更被削弱。單就省政府與商會關係而言，政府對廈門商會的函件多以「令」的形式下達，明顯視商會為其下屬，把商會定位為向民間解釋政策的半官方機構。如一九三五年洪鴻儒等建議政府將房鋪稅與地租兩項，改為土地稅合併徵收，次年二月政府財政局開徵一九三五年分地租，廈門海外華僑公會指為違法徵收，致函商會集議撤銷。省政府下令商會務將地租沿革和辦理土地稅經過詳情，向地方各社團切實解釋。[117]國民黨黨部亦透過商會，

---

113 《江聲報》，1933年2月20日。

114 《江聲報》，1933年7月16日。

115 薛謀成、鄭全備選編：《「福建事變」資料選編》（南昌市：江西人民出版社，1983年），頁123-124。

116 《申報》，1935年2月8日。

117 廈門市政府秘書處編：《廈門市政府公報》第18期（1936年9月），頁6-7。

加強對地方商人控制。一九三六年十一月，福建省黨部下令各業商店均須加入本業公會，如遭商店拒絕，先由該業公會警告，若繼續拒絕，公會須向商會報告，轉呈主管官署懲辦。商店欠繳會費，亦經商會呈官署罰辦。[118]由是使商會變成黨治體制下的管理機關。

此外，陳儀政府沿襲十九路軍做法，對反對政府經濟政策的商會成員施以不同程度的恐嚇手段。一九三四年六月十八日，嚴焰復因「統一汽車公路」事件再度被扣。省政府計劃統一汽車及開放漳龍路權，嚴氏持反對意見。省政府召嚴氏到福州商議，後者遲遲未有起行，建設廳電特種公安局拘捕嚴氏。洪鴻儒和陳瑞清等商會及各同業公會代表五十餘人，向公安局長王固磐請求釋放嚴氏，王氏表示愛莫能助。二十一日下午，公安局在商會代表莊國章等陪同下，押解嚴氏前往福州，嚴氏被囚於保安處軍法科，經商會擔保嚴氏無違法舉動，至七月二十六日下午始獲釋放。[119]嚴氏自此噤若寒蟬，再不敢對政府經濟政策作出公開批評。

陳氏信奉國家統制政策，地方政府對經濟民生事務的介入更為明顯。一九三五年一月黃建源、豫豐、銀江三大銀莊結業，引發廈門金融恐慌。廈門商業銀行銀根吃緊，董事會議決暫停營業。商會邀公安局、思明縣長及各銀行代表討論救濟辦法。[120]公安局取代過去同類事件中商會充任協調者的慣例，自行處理善後工作。公安局長王固磐調查廈門商業銀行賬目，發現資產負債相抵有餘，遂提出該行以不動產和證券向他行抵借復業，由王氏本人親向其他銀行接洽。[121]一九三六年三月廈門米價暴漲。市政府派科長王錚民，召集商會及米業公會，組成「糧食評價委員會」，討論平定米價辦法，與從前由商會主動提出平抑米價的慣例大相逕庭。[122]同年二月，廈門市政府改革原由市政府、商會和黨部三者合管的同善堂，剝奪商會對同善堂的管理權，另

---

118 《江聲報》，1936年11月27日。

119 《江聲報》，1934年6月22日、8月4日。

120 《申報》，1935年1月18日。

121 《申報》，1935年1月26日。

122 《申報》，1936年3月28日。

由市黨部、市政府遴選各界負有資望者五人,合組董事會管理。[123]

事實上,陳儀領導的省政府雖欲全面統制廈門地方事務,但因缺乏熟悉閩南經濟事務的管理人才,且省垣軍政事務繁忙,無法完全妥善處理廈門經濟事務,不得不賦予商會在經濟民生事務若干程度發言權,使後者具有黨國體制下的經濟諮詢機關之特點。一九三五年初,大量白銀自廈門經香港轉運國外,影響市面金融。市政府束手無策,要求商會和錢莊公會代表協助幫忙。商會召集銀行、各同業公會主席討論救濟辦法,決定請市政府函海關暫禁白銀出口。商會自組糾察隊協同警察嚴防私運。[124]

廈門商會雖然在陳儀統治下,淪為南京政府黨國體制附庸。但其在抗戰前夕的民族運動仍然作出鉅大貢獻。一九三六年十一月,商會舉辦國貨展覽會,洪鴻儒、黃奕守為籌備會議正副主席,莊金章與嚴焰分任總務股正副主任,會場假海後灘舊太古棧房進行。參展單位計有一百一十九個,參觀人數達數十萬,於喚醒民眾關注利權外溢問題頗有貢獻。[125]同月廈門邀請各業公會,組成「廈門市商界慰勞綏省衛國將士募捐委員會」,推洪鴻儒、黃奕守等十人負責勸募,籌得款項一萬多元。[126]七七事變爆發,商會聯合各界組織廈門抗敵會。商會成員如洪頑儒、陳瑞清、莊金章、嚴焰等均有出任抗敵會各部工作。九月商會徵集各種生活用品慰勞駐廈守軍。一九三八年五月日軍占領廈門,商會主要成員或逃入內地、或避難海外[127],為抗戰前之廈門商會史劃上句號。

123 廈門市檔案局、廈門市檔案館編:《近代廈門經濟檔案資料》(廈門市:廈門大學出版社,1997年),頁530。

124 《江聲報》,1935年4月18、19日。

125 魏英才:〈本會過去工作之回憶〉,載廈門市商會編:《廈門市商會復員紀念特刊》(廈門市:編者自印,1947年),頁7;《江聲報》,1936年9月13日。

126 《申報》,1936年11月22日。

127 魏英才:〈本會過去工作之回憶〉,載廈門市商會編:《廈門市商會復員紀念特刊》(廈門市:編者自印,1947年),頁7;廈門市檔案局、廈門市檔案館編:《廈門抗日戰爭檔案資料》(廈門市:廈門大學出版社,1997年),頁157。

徵引書目

一 中文書目

《廈門電話號碼簿（1937）》　廈門市圖書館藏本

中共廈門市委資改辦公室編　《廈門市私營棉佈業歷史資料（初稿）》　廈門
　　　市　編者自印　1958年

中華人民共和國廈門海關編　《廈門海關志（1684-1989）》　北京市　科學
　　　出版社　1994年

中華民國海關　《中華民國海關華洋貿易總冊》　臺北市　國史館史料處
　　　1982年

中國第一歷史檔案館編　《光緒朝硃批奏摺》　北京市　中華書局　1996年

中國第一歷史檔案館編　《清代中琉關係檔案選編》　北京市　中華書局
　　　1993年

中國第一歷史檔案館編　《清代中琉關係檔案續編》　北京市　中華書局
　　　1994年

中國第二歷史檔案館、雲南省檔案館編　《護法運動》　北京市　檔案出版
　　　社　1993年

中國第二歷史檔案館編　《中華民國史檔案資料匯編》　第3輯　南京市
　　　江蘇古籍出版社　1991年

中國銀行行史編輯委員會：《中國銀行行史（1912-1949）》　北京市　中國金
　　　融出版社　1995年

中國銀行泉州分行行史編委會編　《閩南僑批史紀述》　廈門市　廈門大學
　　　出版社　1996年

中國銀行廈門市分行行史資料匯編編委會編　《中國銀行廈門市分行行史資
　　　　料匯編（1915-1949年）》　廈門市　廈門大學出版社　1999年

臺灣銀行經濟研究室編　《鄭氏史料三編》　臺北市　臺灣省文獻委員會
　　　　1995年

臺灣銀行調查課編　趙順文譯　《僑匯流通之研究》　臺北市　中華學術院
　　　　南洋研究所　1984年

同安交通志編委會編　《同安交通志》　廈門市　廈門大學出版社　1993年

朱士嘉編　《美國迫害華工史料》　北京市　中華書局　1958年

朱英、石柏林　《近代中國經濟政策演變史稿》　武漢市　湖北人民出版社
　　　　1998年

江日昇　《臺灣外記》　福州市　福建人民出版社1983年校點本

江樹生譯註　《熱蘭遮城日志》　臺南市　臺南市政府　1999年

江蘇省商業廳、中國第二歷史檔案館編　《中華民國商業檔案資料匯編》　北
　　　　京市　中國商業出版社　1991年　第1卷

阮旻錫　《海上見聞錄定本》　福州市　福建人民出版社1982年校點本

巫寶三、張之毅　《福建省食糧之運銷》　上海市　商務印書館　1938年

李恩涵　《北伐前後的「革命外交」（1925-1931）》　臺北市　中央研究院近
　　　　代史研究所　1993年

李國祥等編　《明實錄類纂（福建臺灣卷）》武漢市　武漢出版社　1993年

李雲漢主編　《中國國民黨黨務發展史料　中央常務委員會黨務報告》　臺
　　　　北市　近代中國出版社　1995年

李熙泰、許長安編　《廈門話文》　廈門市　鷺江出版社　1993年

李榮主編　《廈門方言詞典》　南京市　江蘇教育出版社　1998年

吳雅純編　《廈門大觀》　廈門市　新綠書店　1947年

何丙仲編　《廈門碑志彙編》　北京市　中國廣播出版社　2004年

何鳳嬌編　《東南亞華僑資料彙編（一）》　臺北市　國史館　1999年

何鳳嬌編　《政府接收臺灣史料彙編》　臺北市　國史館　1990年　下冊

佚　名　《閩浙陣中日記》　載榮孟源、章伯鋒主編　《近代稗海》　成都
　　　　市　四川人民出版社　1985年　第6輯

阿英編　《反美華工禁約文學集》　北京市　中華書局　1962年

茅樂楠　《新興的廈門》　廈門市　廈門大學圖書館1934年藏本

林金枝　《近代華僑投資國內企業概論》廈門市　廈門大學出版社　1988年

松浦章著、鄭潔西等譯　《明清時代東亞海域的文化交流》　南京市　江蘇
　　　　人民出版社　2009年

松浦章編　《近代東亞海域交流：航運‧商業‧人物》　臺北市　博揚文化
　　　　2015年

周子峰　《近代廈門城市發展史研究》　廈門市　廈門大學出版社　2005年

周　凱　《廈門志》　廈門市　鷺江出版社　1996年整理本

周賢育編　《廈市工程概況》　1929年

柯淵深編　《石碼史事（輯要）》龍海市　龍海市文史資料委員會　1993年

洪卜仁主編　《黃世金生平事略》　廈門市　廈門大學出版社　2010年

馬敏、朱英　《傳統與近代的二重變奏──晚清蘇州商會個案研究》　成都
　　　　市　巴蜀書社　1993年

華南銀行調查課編　《荷屬東印度華僑商人》　臺北市　中華學術院南洋研
　　　　究所　1984年

連雅堂著　姚榮松導讀　《臺灣語典》　臺北市　金楓出版社　1987年

徐鼎新、錢小明　《上海總商會史（1902-1929）》　上海市　上海社會科學
　　　　院出版社　1991年

徐鼒撰、王崇武校　《小腆紀年附考》　北京市　中華書局　1957年

郭廷以　《臺灣史事概說》　臺北市　正中書局　1954年

旅港福建商會、福建旅港同鄉會編　《香港閩僑商號人名錄》　香港　編者
　　　　自印　1947年

陳　達　《南洋華僑與閩粵社會》　長沙市　商務印書館　1938年

陳碧笙　《鄭成功歷史研究》　北京市　九州出版社　2000年

陳嘉庚文集編輯委員會編　《陳嘉庚文集（徵求意見稿）》　廈門市　華僑博
　　　　物館　1994年

鄂爾泰監修　《世宗憲皇帝實錄》　載《清實錄》　北京市　中華書局1985
　　　　年影印本

國立故宮博物院編　《宮中檔雍正朝奏折》臺北市　編者自印　1977-1980年

國立故宮博物院編　《宮中檔乾隆朝奏折》　臺北市　編者自印　1982年

張存武　《光緒卅一年中美工約風潮》　臺北市　中央研究院近代史研究所　1982年

張朋園　《立憲派與辛亥革命》臺北市　中國學術著作獎助委員會　1969年

張後銓主編　《招商局史（近代部分）》　北京市　人民交通出版社　1988年

張　翊　《中華郵政史》　臺北市　東大圖書公司　1996年

張遵旭　《福州及廈門》　福州市　福建省圖書館1916年藏本

張　燮　《東西洋考》　收於《張燮集》　北京市　中華書局　2015年　冊2。

彭瀛添　《列強侵華郵權史》　臺北市　華岡出版公司　1979年

黃仲昭　《八閩通志》　福州市　福建人民出版社1990年點校本

黃叔璥　《臺海使槎錄》　臺北市　臺灣銀行經濟研究室　1957年

馮承鈞　《中國南洋交通史》　上海市　商務印書館　1937年

楊英撰、陳碧笙校注　《先王實錄校注》福州市　福建人民出版社　1981年

楊進發編著　《戰前的陳嘉庚言論史料與分析》　新加坡　新加坡南洋學會　1980年

廈門工商廣告社編纂部　《廈門工商業大觀》　廈門市　廈門工商廣告社　1932年

廈門大學臺灣研究所、中國第一歷史檔案館編輯部編　《鄭成功檔案史料選輯》　福州市　福建人民出版社　1985年

廈門大學校史編委會　《廈門大學校史》廈門市　廈門大學出版社　1990年

廈門市公安局秘書處編　《警政年刊：1930年6月至1931年6月》　廈門市　廈門市圖書館藏本

廈門市地方志編纂委員會辦公室編　《廈門市志（徵求意見稿）》　廈門市　編者自印　2000年

廈門市地方志編纂委員會辦公室整理　《廈門市志（民國）》　北京市　方志出版社　1999年

廈門市志編纂委員會、廈門海關志編委會編　《近代廈門社會經濟概況》　廈門市　鷺江出版社　1990年

廈門市政協文史和學習宣傳委員會編 《廈門摩崖石刻》 福州市 福建美
　　術出版社 2001年

廈門市政府 《廈門市政府公報》 廈門市圖書館藏本第18期（1936年10月）

廈門市政府秘書處編 《廈門市政府公報》 廈門市圖書館藏本 第13期至
　　第15期彙刊（1936年7月）

廈門市政府統計室編 《廈門要覽》 廈門市 廈門大學圖書館1946年藏本

廈門市政法志編委會編 《廈門政法史實（晚清民國部分）》 廈門市 鷺江
　　出版社 1989年

廈門市政志編纂委員會編《廈門市政志》廈門市 廈門大學出版社 1991年

廈門市商會編 《廈門市商會特刊》 廈門市 廈門市圖書館1940年藏本

廈門市商會編 《廈門市商會復員紀念特刊》 廈門市 編者自印 1947年

廈門市僑批業同業公會籌備委員會 《廈門市僑批業關於僑匯的報告和意見》
　　廈門市 編者自印 1950年

廈門市檔案局、廈門市檔案館編 《近代廈門涉外檔案史料》 廈門市 廈
　　門大學出版社 1997年

廈門市檔案局、廈門市檔案館編 《近代廈門經濟檔案資料》 廈門市 廈
　　門大學出版社 1997年

廈門交通志編纂委員會編《廈門交通志》北京市 人民交通出版社 1989年

廈門華僑志編委會編 《廈門華僑志》 廈門市 鷺江出版社 1991年

廈門特種公安局 《警政特刊 1934年4月至9月》 廈門市圖書館藏本

廈門海關檔案室編 《廈門海關歷史檔案選編（1911-1949）》 廈門市 廈
　　門大學出版社 1997年 第1輯

廈門僑務局 《廈門僑務局週年紀念刊》廈門市 廈門市圖書館1936年藏本

廈門總商會（工商聯）編 《廈門商會史》 廈門市 編者自印 2001年

廈門總商會、廈門市檔案館編 《廈門商會檔案史料選編》 廈門市 鷺江
　　出版社 1993年

廈門總商會編 《廈門總商會特刊》 廈門市 廈門大學圖書館1931年藏本

福州私立光復中學編輯委員會編 《福建辛亥光復史料》 連城市 建國出
　　版社 1940年

福建省汽車運輸公司編　《福建省公路運輸史（第一冊）資料匯編》　福州
　　　市　編者自印　1984年

福建省政府秘書處統計室編　《福建省統計年鑑・第一回》　福州市　福建
　　　省政府秘書處公報室　1937年

福建省思明市政籌備處秘書處編　《思明市政籌備處彙刊》　廈門市　廈門
　　　倍文印書館　1933年

福建省錢幣學會編　《福建貨幣史略》　北京市　中華書局　2001年

福建省檔案館、廈門市檔案館、鷺江出版社編　《閩臺關係檔案資料》　廈
　　　門市　鷺江出版社　1993年

福建省檔案館編　《福建華僑檔案史料》　北京市　檔案出版社　1990年

趙德馨　《黃奕住傳》　長沙市　湖南人民出版社　1998年

臺灣銀行經濟研究室編　《臺灣交通史》　臺北市　臺灣銀行　1955年

鄭林寬　《福建華僑匯款》　永安市　福建省政府秘書處統計室　1940年

滿鐵東亞經濟調查局編　《三十年代蘭領東印度之華僑》　臺北市　中華學
　　　術院南洋研究所　1985年

漳廈海軍警備司令部　《漳廈海軍警備司令部臨時路政辦事處徵信錄》　廈
　　　門市　廈門市圖書館藏本

樓祖詒編　《中國郵驛史料》　北京市　人民郵電出版社　1958年

劉　強　《海商帝國：鄭氏集團的官商關係及其起源（1625-1683）》　杭州
　　　市　浙江大學出版社　2015年

潘　英　《臺灣拓殖史及其族姓分佈研究》　臺北市　自立晚報　1992年

薛謀成、鄭全備選編　《「福建事變」資料選編》　南昌市　江西人民出版社
　　　1983年

戴一峰　《區域性經濟發展與社會變遷》　長沙市　岳麓書社　2004年

濱下武志著　朱蔭貴、歐陽菲譯　《近代中國的國際契機：朝貢貿易體系與
　　　亞洲經濟圈》　北京市　中國社會科學出版社　1999年

濱下武志著、馬宋芝譯　《香港大視野──亞洲網絡中心》　香港　商務印
　　　書館　1997年

聶寶璋編　《中國近代航運史資料》　上海市　上海人民出版社　1983年　第
　　　1輯

蘇警予等編　《廈門指南》　廈門市　廈門新民書社　1931年

鐵道部業務司調查科編　《京粵線福建段經濟調查報告書》　福州市　福建
　　　省圖書館1933年藏本

龔洁、何丙仲收集整理　何志偉校　《廈門碑銘》　廈門市　廈門市文物管
　　　理辦公室　1991年

二　中文論文

〈商務〉　《東方雜志》第3卷第7期（1906年6月）

〈雜俎〉　《東方雜志》第3卷第1期（1906年1月）

《閩南契約文書綜錄》　《中國社會經濟史研究》　1990年增刊　頁118-120

王子建　〈中國勞工生活程度──十四年來各個研究的一個總述〉　《社會
　　　科學雜志》第2卷第2期（1931年6月）

王云青　〈光復廈門的回憶〉　《廈門文史資料》第18輯（1991年）

王永年　〈晚清漢口對外貿易的發展與傳統商業的演變〉　《近代史研究》
　　　1988年6期

王振邦　〈光復廈門漳泉永紀略〉　《廈門文史資料》第18輯（1991年）

丘崖兢　〈辛亥革命在廈門〉　《廈門文史資料》第1輯（1963年）

市川信愛　〈從長崎「泰益號」的文書看戰前長崎華商的亞洲海上貿易網絡〉
　　　載原武道、陳湛頤、王向華編　《日本與亞洲華人社會──歷史文
　　　化篇》　香港　商務印書館　1999年

朱　英　〈從抗爭《商會法》看民初商會的發展〉　《近代中國》第10輯（2000
　　　年）

朱　英　〈論民初商會對新公文程式的抵制〉　《辛亥革命史叢刊》第10輯
　　　（1999年）

朱　英　〈關於中國市民社會的幾點商榷意見〉　《中國社會科學季刊（香
　　　港）》1994年第5期

李金強　〈同盟會與光復會之爭──清季廈門之革命運動（1906-1911）〉　載氏著　《區域研究──清代福建史論》　香港　香港教育圖書公司　1996年

李金強　〈從福建海關《十年報告（*Decennial Reports*）觀察清季福建社會之變遷》〉　載氏著　《區域研究──清代福建史論》　香港　香港教育圖書公司　1996年

李金強　〈清代福州交通述論〉　載氏著　《區域研究──清代福建史論》　香港　香港教育圖書公司　1996年

李金強　〈清季福州革命運動興起及其革命團體演進〉　載氏著《區域研究──清代福建史論》　香港　香港教育圖書公司　1996年

李金強　〈密謀革命──1911年福建革命黨人及其活動之探析〉　載氏著《區域研究──清代福建史論》　香港　香港教育圖書公司　1996年

李毓中　《明鄭與西班牙帝國：鄭氏家族與菲律賓關係初探》　《漢學研究》第16卷第2期

李禧、余少文等　〈廈門辛亥革命見聞錄〉　《廈門文史資料》第18輯（1991年）

吳承禧　〈最近五年華僑匯款的一個新估計〉《中山文化教育館季刊》　1936年秋季號

吳承禧　〈廈門的華僑匯款與金融組織〉　《社會科學雜志》第8卷第2期（1937年6月）

宋淵源　〈閩省參加革命經歷紀要〉　載中華民國開國五十年文獻編纂委員會編　《中華民國開國五十年文獻》　臺北市　正中書局　1963年第2編　冊4

范啟龍　〈辛亥革命前後的福建〉　《福建文史資料》第27輯（1991年）

林孝勝　〈開埠初期的新華社會〉　載柯木林、林孝勝合著　《新華歷史與人物研究》　新加坡　南洋學會　1986年

林知淵　〈政壇浮生錄〉　《福建文史資料》第22輯（1989年）

林金枝　〈1875-1949年華僑在廈門的投資及其作用〉　《廈門大學學報‧哲社版》1987年4期

林純仁　〈《益同人公會》一文的補充和訂正〉　《廈門文史資料》第11輯（1986年）

林純仁　〈廈門益同人公會〉　《廈門文史資料》第5輯（1983年）

林　萍　〈百貨行業與「龍岩幫」〉　《廈門工商集萃》第1輯（1984年6月）

林榮向　〈福建省之經濟地理〉　《方志月刊》第6卷第9期（1933年）

卓全成口述、陳紋藻整理　〈同英佈店經營史〉　載廈門市政協文史資料委員會、廈門總商會編　《廈門工商史事》　廈門市　廈門大學出版社　1997年

周子峰　〈民國軍閥政治之研究：以福建省為個案（1913-26）〉　香港　浸會大學碩士論文　1997年

周子峰　〈辛亥革命後之福建政局（1912-1914）〉　載胡春惠、周惠民主編　《兩岸三地研究生視野下的近代中國研討會論文集》　臺北市　臺北政治大學歷史學系　2000年

周子峰　〈閩省民軍之形成與演變（1912-1926）〉　《國史館館刊》　復刊第25期（1998年12月）

洪卜仁、戴曉蓉　〈1908年的美國艦隊訪問廈門〉　《廈門文史資料》第18輯（1991年）

洪卜仁　〈臧致平盤踞廈門始末〉　《廈門文史資料》第13輯（1988年）

姚文枏　〈李平書行狀（節錄）〉　載中國人民政治協商會議上海市委員會文史資料工作委員會編　《辛亥革命七十週年：文史資料紀念專輯》　上海市　上海人民出飯社　1981年

陳仲明　〈廈門紙箔出口外銷的變化〉　《廈門工商集萃》第2輯（1985年6月）

孫　文　《華夷變態研究》　浙江大學博士論文　2009年

許雪姬　〈日據時期的板橋林家──一個家族與政治的關係〉　載中央研究院近代史研究所編　《近世家族與政治比較歷史論文集》　臺北市　編者自印　1992年　下冊

張亦工　〈商民協會初探〉　《歷史研究》1992年3期

張聖才　〈廈門辛亥革命的鱗爪〉　《廈門文史資料》第18輯（1991年）

張鎮世、郭景村　〈廈門早期的市政建設（1920-1938）〉　《廈門文史資料》
　　　　第1輯（1963年）

張鎮世、葉更新、楊紀波、洪卜仁　〈「公共租界」鼓浪嶼〉　《廈門文史資
　　　　料》第16輯（1900年）　頁16-9

隗瀛濤、何一民　〈城市近代化與辛亥革命〉　載中華書局編輯部編　《辛
　　　　亥革命與近代中國──紀念辛亥革命八十週年國際學術討論會文
　　　　集》　北京市　中華書局　1994年　下冊。

黃乃裳　〈紱丞七十自敘〉　載劉子政　《黃乃裳與新福州》　新加坡　新
　　　　加坡南洋學會　1979年

黃篤奕、張鎮世、葉更新　〈黃奕住先生生平事跡〉　《廈門文史資料》第8
　　　　輯（1985年）

萬寶整理　〈瓜子大王丁福記〉　《廈門工商集萃》第2輯（1985年6月）

憚祖祁　〈廈門日租界交涉案文牘〉　《廈門文史資料》第16輯（1990年）

楊彥杰　《一六五〇至一六六二年鄭成功海外貿易額和利潤額估算》　收於
　　　　《鄭成功研究論文選續集》　福州市　福建人民出版社　1984年

蔡　生　〈廈門錢莊業之鳥瞰〉　《商學期刊》第1卷第1期（1937年2月）

廖赤陽　〈20世紀上半期以廈門貿易為中心的泰益號貿易網絡〉　載市川信
　　　　愛、戴一峰主編　《近代旅日華僑與東亞沿海地區交易圈──長崎
　　　　華商「泰益號」文書研究》　廈門市　廈門大學出版社　1994年

劉　通　〈福建光復紀要〉　載中華民國開國五十年文獻編纂委員會編　《中
　　　　華民國開國五十年文獻》臺北市　正中書局　1963年　第2編　冊4

劉廣京　〈三十年來美國研究中國近代史的趨勢〉　《近代史研究》　1983
　　　　年第1期

戴一峰　〈廈門開埠初期華工出國人數〉《福建論壇‧文史哲版》1984年3期

戴一峰　〈閩南華僑與近代廈門城市經濟的發展〉　《華僑華人歷史研究》
　　　　1994年2期

戴一峰　〈閩南海外移民與近代廈門興衰〉　《二十一世紀》第31期（1996
　　　　年6月）

聶德寧 〈明清之際鄭氏集團海上貿易的組織與管理〉 收於方友義主編
《鄭成功研究》 廈門市 廈門大學出版社 1994年

三 中文報章部分

《民鐘日報》 廈門市 1929年5月 洪卜仁先生藏影印本
《申報》 上海市 1900年1月-1937年12月 香港大學圖書館藏縮微膠卷
《江聲報》 廈門市 1931年5月-1949年3月 香港浸會大學圖書館藏縮微
　　　膠卷
《南洋時報》 檳榔嶼 1927年10月-1930年4月 香港大學圖書館藏縮微膠卷
《南洋商報》 新加坡 1926年5月 新加坡國立大學圖書館藏縮微膠卷
《南鐸日報》 新加坡 1923年6月-1925年3月 香港大學圖書館藏縮微膠卷
《振南報》 新加坡 1913年4月-1920年9月 香港大學圖書館藏縮微膠卷
《廈門日報》 廈門市 1909年2月-1910年4月 香港浸會大學圖書館藏縮微
　　　膠卷
《廈門週報》 廈門市 1931年12月 廈門市圖書館藏本
《漢文臺灣日日新報》 臺北市 1905年7月-1911年11月 香港大學圖書館
　　　藏縮微膠卷
《鷺江報》 廈門市 1902年4月-1905年1月 廈門市圖書館藏本

四 英文部分

Bergère Marie-Claire. Translated by Janet Lloyd. *The Golden Age of the Chinese Bourgeoisie 1911-1937* Cambridge: Cambridge University Press 1989

Chan Wellington K. K. *Merchants Mandarins and Modern Enterprise in Late Ch'ing China*. Cambridge Mass.: East Asian Research Center Harvard University 1977

China. The maritime customs. *China, The Maritime Customs: Decennial Reports, 1882-1931*.(Washington D.C.: Center for Chinese Research Materials, Association of Research Libraries 1969

Coble Parks M. Jr. *The Shanghai Capitalists and the Nationalist Government 1927-1937*. Cambridge Mass.: Council on East Asian Studies Harvard University 1980

Finer S. E. *The Man on Horseback: The Role of the Military in Politics*. Second enlarged ed. London: Penguin Books 1962

Hao Yen-p'ing. The Commercial Revolution in Nineteenth-Century China: The Rise of Sino-Western Mercantile Capitalism Berkeley: University of California Press 1986

Huang Philip C. C. " 'Public Sphere' / 'civil society' in China? The Third Realm between State and Society" *Modern China* 19:2 (April 1993)

Jarman Robert L. ed. *Annual Reports of the Straits Settlements 1855-1941*. Slough: Archive Editions 1998

Jarman Robert L. ed. *Hong Kong Annual Administration Reports: 1841-1941*. Slough: Archive Editions 1996

Ng Chin-keong. Trade and Society: The Amoy Network on the China Coast 1683-1735. Singapore: University Press 1983

SarDesai D. R. *Southeast Asia: Past & Present*. Boulder: Westview Press 1997

Saw Swee-Hock. "Population Growth and Control." In Ernest C. T. Chew Edwin Lee eds. *A History of Singapore*. Singapore: Oxford University Press 1991

Shannon Thomas R. *An Introduction to the World-System Perspective*. Boulder: Westview Press 1989

Yen Ching-hwang. "Ch'ing Changing Images of the Overseas Chinese (1644-1912)." *Modern Asian Studies* 15:2 (1981).

Yen Ching-hwang. Coolies and Mandarins: China's Protection of Overseas

Chinese During the Late Ch'ing Period (1851-1911).　Singapore: Singapore University Press　1985

Yen Ching-hwang. *The Overseas Chinese and the 1911 Revolution.*　Kuala Lumpur: Oxford University Press　1976

五　日文部分

日本外務省通商局編　《通商彙纂》　東京　不二出版1996年復刻版

臺灣新民報社調查部編　《臺灣人士鑑(日刊一週年版)》　東京　湘南堂1986年復刻版

田原禎次郎編　《清末民初中國官紳人名錄》北京市　中國研究會　1918年

東亞同文會編　《支那省別全志》　東京　編者自印　1920年　第14卷　〈福建省〉

南滿洲鐵道株式會社調查部上海事務所調查室編　《華僑調查彙報》　第2、3合輯（1941年5月）

宮川次郎　《廈門》　臺北州　椿木義一　1923年

張茂吉　《廈門現況》　廈門市　南洋時報社閩南總支局　1936年

六　檔案材料

Bourne, Kenneth and Watt, D. Cameron, eds. British Documents on Foreign Affairs: Reports and Papers From the Foreign Affairs: Reports and Papers From the Foreign Office Confidential Print. Bethesda　MD: University Publications of America　1991　Series E

China Maritime Customs, *China Maritime Customs Publications*　Shanghai: Statistical Department of the Inspector of Customs　1861-1948

Kesaris, Paul L., ed. *Confidential British Foreign Office Political Correspondence: China.*　Bethesda: University Publications of America　1995　Series 1 Part 2

Kesaris, Paul L., ed. Confidential U.S. State Department central files: China internal affairs, 1930-1939. Frederick　Md.: University Publications of America　1984

United States Consulate (Amoy). *Depatches from United States consuls in Amoy, 1844-1906*　Washington, D. C.: National Archives　1947

United States Department of State. Records of the Department of State Relating to Internal Affairs of China, 1910-1929.　Washington D. C.: National Archives　1960

福建省檔案館館藏檔案。

廈門市檔案館館藏檔案。

大學叢書·香港浸會大學近代史研究中心專刊　1704006

近代廈門經濟社會史論叢

著　　　者	周子峰
責任編輯	呂玉姍
特約校對	林秋芬

發 行 人	林慶彰
總 經 理	梁錦興
總 編 輯	張晏瑞
編 輯 所	萬卷樓圖書股份有限公司
排　　版	林曉敏
印　　刷	博創印藝文化事業有限公司
封面設計	菩薩蠻數位文化有限公司

發　　行　萬卷樓圖書股份有限公司
　　　臺北市羅斯福路二段 41 號 6 樓之 3
　　　電話　(02)23216565
　　　傳真　(02)23218698
　　　電郵　SERVICE@WANJUAN.COM.TW
香港經銷　香港聯合書刊物流有限公司
　　　電話　(852)21502100
　　　傳真　(852)23560735

ISBN 978-986-478-356-4
2020 年 10 月初版二刷
2020 年 7 月初版
定價：新臺幣 260 元

如何購買本書：
1. 劃撥購書，請透過以下郵政劃撥帳號：
　 帳號：15624015
　 戶名：萬卷樓圖書股份有限公司
2. 轉帳購書，請透過以下帳戶
　 合作金庫銀行 古亭分行
　 戶名：萬卷樓圖書股份有限公司
　 帳號：0877717092596
3. 網路購書，請透過萬卷樓網站
　 網址　WWW.WANJUAN.COM.TW
大量購書，請直接聯繫我們，將有專人為
您服務。客服：(02)23216565 分機 610
如有缺頁、破損或裝訂錯誤，請寄回更換
版權所有·翻印必究
Copyright©2020 by WanJuanLou Books CO., Ltd.
All Right Reserved　　　　Printed in Taiwan

國家圖書館出版品預行編目資料

近代廈門經濟社會史論叢 / 周子峰著. -- 初
版. -- 臺北市 ： 萬卷樓, 2020.07

　　面 ；　 公分. -- (大學叢書 ; 1704006)

ISBN 978-986-478-356-4(平裝)

1.經濟史 2.經濟社會學 3.文集 4.福建省廈門
市

550.9207　　　　　　　　　　　109004585